管理的中国韵

何志毅 著

北京大学出版社
PEKING UNIVERSITY PRESS

图书在版编目(CIP)数据

管理的中国韵 / 何志毅著． —— 北京：北京大学出版社，2011.4
ISBN 978-7-301-18641-1

Ⅰ. ①管… Ⅱ. ①何… Ⅲ. ①企业管理－研究－中国 Ⅳ. ①F279.23

中国版本图书馆CIP数据核字(2011)第040807号

书　　　名：管理的中国韵
著作责任者：何志毅　著
责　任　编　辑：马霄
标　准　书　号：ISBN 978-7-301-18641-1/F・2745
出　版　发　行：北京大学出版社
地　　　址：北京市海淀区成府路205号　100871
网　　　址：http://www.pup.cn　电子邮箱：em@pup.pku.edu.cn
电　　　话：邮购部 62752015　发行部 62750672　编辑部 62752926
　　　　　　出版部 62754962
印　刷　者：三河市北燕印装有限公司
经　销　者：新华书店
　　　　　　720毫米×1020毫米　16开本　17.5印张　183千字
　　　　　　2011年4月第1版　2011年4月第1次印刷
印　　　数：0001—9000册
定　　　价：38.00元

未经许可，不得以任何方式复制或抄袭本书之部分或全部内容。
版权所有，侵权必究
举报电话：010-62752024　电子邮箱：fd@pup.pku.edu.cn

前言：火树银花千秋夜

2011年的除夕夜，我在北京的住宅小区里与邻居们一起放烟花。尽管天寒地冻，但热烈的鞭炮声此起彼伏、震耳欲聋，绚丽的烟花千姿百态、流光溢彩。扑地的七彩火陀螺跳跃欢腾、低空的火树尽情地舒展婀娜的身姿光影、中空的天女散花如繁星坠落、高空的五彩流云似天灯漂浮……眼界所尽，北京的夜色是一曲波澜壮阔、震人心魄的视听交响诗，从天上看中国大地，雄鸡形状的夜空中全部绽放着火树银花，诉说着中国人的喜庆欢乐和扬眉吐气。

今夜中国无眠。

我抬眼遥望深邃的夜空，内心荡漾着一种感动。目光穿越时空隧道，我看到那一侧我们的祖先们，此时似乎与我们一起沐浴着这代表中华文明的烟花雨；我也可以遐想千万年后，我们的子孙们，也会像我们这样，用鞭炮和烟花表达过年的喜悦。它永远不过时、永远不落后。

一个人很渺小，但汇集成一个国家就会很伟大；一代人的生命很短暂，但连续成一个民族就会成为永恒。量变引起质变，2010年是中华民族历经百年奋斗后具有里程碑意义的一年。中国，在众说纷纭中登上了世界经济总量第二的位置，世界还没有为中国的迅速发展做好心理准备，中国也没有为自己的快速超越做好心理准备。但中国就是这样披着五千年的风霜雨露走来了。邓小平在20世纪80年代预计中国在2000年时可以达到人均GDP1000美元；然后再用30至40年的时间翻两番达到4000美元。他的第一个预测是准确的，而第二个目标只用了10年就实现了。与此相对的是，日本交出了手捧42年的GDP银杯，放下了自1894年甲午战争以来116年的胜利者的骄傲，无可奈何地看着中国，恢复了历史常态；大洋彼岸的美国在2001年的"9·11"中受到巨大的精神创伤，2008年又在金融危机的打击下经济元气大伤，在努力恢复之中感叹中国的大步流星。此时作为中国人，这种历史沧桑感、这种人生戏剧性、这哲学思辨中偶然与必然的交织、这种内心情感上悲壮与豪迈的交融，真难以用语言描述。

回想2003年，《北大商业评论》创刊时，我们采用中国元素设计封面，遭到广告代理商的强烈反对。他们认为中国元素给人的联想就是腐朽和没落，何况广告客户主是跨国公司。在这一点上我坚持不让步，但也决定在中西结合上下一些功夫，力图使"土"、"洋"结合。中国人在清朝被洋枪洋炮打败之后，"土"就对"洋"臣服了，然后慢慢演化成了潜意识里的东西。所谓"土"与"洋"已经泾渭分明、根深蒂固："洋"就是好，"土"就是不好。尽管现在"土"鸡比"洋"鸡贵了，"土"烟比"洋"烟贵了，"土"酒比"洋"酒贵了，中药比西药贵了，王老吉也比可口可乐贵了，但"土"仍然是不好，"洋"仍然是好。2011年春节

前言：火树银花千秋夜

晚会上，大山说"我是最洋的中国人"，主持人朱军说"你不就是洋人嘛"。他们当然没有贬低中国人的意思，但在潜意识里，洋人还是高于华人的。一百多年的崇洋媚外不会那么快转变。

在不知不觉中，中国的很多方面的确已经达到世界一流了。从春节晚会的舞台布景也是可以看出中国的水平是世界级的了。这种感觉始于奥运会开幕式，到了世博会、亚运会后我们越来越有自信。但在深层次的产业、科技、教育、文化方面我们还没有这种自信，还需要时日。目前我正在参与创办一个崭新的教育与研究机构，在设立十年目标时我们反复斟酌到底是"世界一流"还是"中国一流"，说要在十年之内达到世界一流几乎没有人相信，于是我们只好把目标定为中国一流。但我内心坚信，十年后，中国一流就是世界一流。就如美国一流自然就是世界一流，没有所谓美国一流的说法。

最近在美国，一本名为《虎妈战歌》的书掀起了轩然大波。如果中国落后，对于这样一本书美国人只会嗤之以鼻，但今天此书的热度已经说明美国人开始对他们的教育模式的优越性和唯一性感到动摇。他们不得不对华人严厉甚至威逼的教育模式给予极大的关注。在打孩子犯法的美国，人们怎能理解"棍棒之下出孝子"的理念和实践？更何况，美国人不会理解在中国"孝"有多么重要。其实"虎妈"也罢、"战歌"也罢，都是美国书商哗众取宠的标题，表明了美国人对中国的担忧，而在这之前的160年里世界根本没有把中国当回事。

1840年以后，一个曾经辉煌的民族不断地屈服于西方列强，那种悲

管理的中国韵

哀一言难尽，于是出现了一大批否定祖先文化的知识分子；但今天，这种历史应该结束了，什么都能否定，但祖先的文化不能否定！美国没有主流民族，作为一个国家，美国没有原生的文化渊源，它是从欧洲文化脱胎而来的。1776年，美国《独立宣言》发表，60多年之后的1837年，一位叫做拉尔夫·沃尔夫·爱默生的美国人在哈佛大学演讲后写出一篇题为《美国学者》的文章，这篇文章被认为是美国的精神独立宣言。爱默生宣告，"我们依赖他人的日子、我们充当他国学识之徒弟的漫长时期即将结束"，"我们将不再由外国丰收庆宴上的残羹剩菜来喂养"，"我们将用自己的脚走路，我们将用自己的手工作，我们将说出自己的心头话。"当然，爱默生也许没有想到，今天美国在思想文化上的居高临下实在有些过分，该轮到别的民族，尤其是具有五千年历史的中华民族不再亦步亦趋，而要用自己的脚走路，用自己的手工作，用自己脑袋思考了。

今天，在新中国成立60多年的时点上，在中国GDP成为世界第二的时点上，让我们模仿爱默生，来诉说中国的精神独立宣言：中华文化可以包容一切，但绝不能丧失自我；中国人缺这缺那，但永不缺独立精神；无论经济一时强弱、科技一时高下、军事一时成败，中华民族永远是历史时空下的精神贵族！

当今中国的管理学者们人云亦云的现象十分严重，以美国人的兴趣为兴趣，以美国人的标准为标准，以美国人的方向为方向，在学术上走入了洋八股的死胡同。一群中国的聪明头脑不关心中国企业的丰富需要，不立足于中国企业管理实践的肥沃土壤，不知晓中国祖先的文化渊源，浪费了宝贵的学术人力资源，误导了风华正茂的青年学子，同时，也得不到中国企业家和社会的认可和尊重。念及于此，我常常感到悲哀。学习是必要的，但祖先早就说过，学而不思则罔，思而不学则殆。中国的现代化企业向西方的学习始于1865年创办的江南制造局，1949年以后的共和国长子"一汽"则是苏联保姆接生哺育的。自1978年改革开放后，以宝钢为代表，我们开始了又一轮的向西方学习。又经过三十年，我们现在迫切需要的是独立思考和创新了。

管理无处不在，管理无时不有。从泰罗1911年发表《科学管理原理》至今100年了。中国管理，在时代的召唤下呼之欲出，它必将是中华民族灿烂辉煌的精神财富中一株耀眼的火树银花。

2011年2月

目录

辑一·论中国精神

春风梨花 /3
历史的大脚印 /7
寻找经济发展的精神气质 /11
祖宗情结与社会信用 /15
北京奥运：中国人心态的拐点 /19
上海世博会感想 /23
建国大业与建企大业 /27
建党大业与建企大业 /31
换上华装 恢复自信 /35
徐汇校园遐想 /41
樱花与梅花 /45
提倡高贵 反对奢侈 /49
孔子·市场经济·企业家 /53
虎年说虎 /57
社会主义：理想与制度 /61
论商业文明 /67

辑二·论中国管理

国与家的企业 /73
构建天地对接的中国管理 /79
中国企业的光荣与梦想 /83

案例·网络·博物馆 /87

不能数典而忘祖 /91

以史为鉴 /97

荣誉·责任·国家 /101

向解放军学习 /105

一百年后看GM /109

GM·金刚组·山西票号 /113

创新与民族自信心 /117

达沃斯与品牌 /121

CEO的价值 /125

艰难时刻的企业家精神 /131

企业家与企业家培养 /135

每个人的"钱学森之问" /139

容君日后慢思量 /141

老师与我的人生轨迹 /145

辑三·论企业与社会

三十年与二百年 /153

"在商言商"与"做生意" /157

两条底线和三次分配 /161

第五块面包与蓝天碧水的选择权 /165

中国可安否 /169

感受芬兰 感受诺基亚 /173

向"好人"买东西 /177

目录

在信念的旗帜下 /181
奏响第二主旋律 /185
经济危机下的宏观思考 /191
经济危机下的企业战略思考 /197

辑四·论责任与公益

行商·行乐·行善 /205
对"5·12"大灾难的理性思考 /209
非常态企业社会责任 /215
悲情北川 凤凰涅槃 /221
辨材须待七年期 /225
方碑村试验 /229
经济危机下富裕人群的社会责任 /233
中国大学培养的新富豪 /237
解读中国慈善排行榜 /241
山东人与山东法人的信用 /247
论闽商 /251
闽商公益精神探源 /255
"巴比"与"军标" /259

跋：做中国之士 /263

辑一·论中国精神

人是有精神气质的。一个国家和民族是否具有精神气质？中华民族在全球化的市场经济中是否具有自己的精神气质？它是什么或者应该是什么？中国今天的经济成就是否如一百年前西方几位著名的汉学家所言，是经过基督教精神改造的结果？

中国的儒释道是宗教还是学派？中国的祖宗崇拜是风俗还是宗教？对祖宗的崇拜在市场经济中是否有用？祠堂、族谱、祖训对今天市场信用社会的建立是否有帮助？

企业的生命、国家的生命、政党的生命哪个会更长？中国为什么没有千年企业？中国是否有生而伟大的企业？今天，中国共产党"一大"的地址叫做"新天地"，上海市民都成了有产者，中国在市场经济制度下坚持社会主义的理想意味着什么？作为共产党员的老板和非共产党员的老板是否有差别？中国特色社会主义是理想、制度，还是路径？

中国人赏梅和日本人赏樱的美学意义和精神象征是什么？中国人为什么不崇尚自己的民族服装？中国为什么迅速成为奢侈品消费的大国？为什么欧洲产出奢侈品而亚洲消费奢侈品？中国人价值观的统一应该统一到何处？中国的恐美、崇美与恐虎、崇虎有何异同？如何尊而不崇？

什么是商业文明？商业诞生时是否文明？商业何时会变为不文明？促进商业和抑制商业哪一个是文明？中华商业文明在世界商业文明中的位置是什么？中华商业和商人在历史上的位置是什么？

春风梨花

在2010年的一次旅行中，我曾在上海金茂大厦的高处遍览浦江和世博夜色，曾在北京奥运村盘古大厦上俯瞰鸟巢和水立方，也曾在纽约华尔道夫酒店的高层放眼曼哈顿全景，历史时空感油然而生。沉思之中，我的思绪渐渐聚焦为古人的三句诗词，一是"忽如一夜春风来，千树万树梨花开"；二是"乍暖还轻冷，风雨晚来方定"；三是"青山遮不住，毕竟东流去"。

2010年，美国《福布斯》杂志将胡锦涛主席评选为全球最具影响力的人物，美国总统奥巴马退居第二；2010年，美国道琼斯公司旗下知名财经杂志《财智》继去年《时代》杂志后，再次将代表"中国制造"的中国工人评选为全球人物；2010年，中国的国内生产总值（GDP）超过连续42年排名第二的日本；2010年，上海世博会顺利闭幕，创造了诸多历史上的第一，据说可能空前绝后，除非中国再办一次才可能超越，在闭幕会上，国际展览局主席激情澎湃地用中文致闭幕词，对中国和上海的赞美溢于言表；2010年，在《福布斯》计算的全球富豪排行榜中，中国的富豪人数也成为仅次于美国的世界第二；2010年，中国成为世界汽车产销量第一大国，中国高速铁路公里数世界第一。

今天的中国不仅解决了自己的经济发展问题，还对世界经济发展贡献了力量：2010年，据世界银行测算，中国对世界经济增长的贡献约占30%；2010年，中国是美国国债的最大持有者，是对外投资的世界第五大国。

正如"忽如一夜春风来，千树万树梨花开"描写的意境，只有我们深知，改革开放的春风是如何蓄势、如何盘旋、如何浩荡，如何势不可挡地吹开了千树万树的梨花。30年的艰难转型、30年的坚持不懈，今天的中国，实现了近二百多年来从未有过的辉煌。

当然，作为经历二百多年深重灾难的中国人，我们还不至于飘飘然。"乍暖还轻冷，风雨晚来方定"的词句反映了此时中国的情景，我们知道风雨的检验还在后面。

今天的中国，人均GDP只排在世界100位左右，总体上是典型的贫穷国家；我们的GDP超过了日本，美国的GDP总量还遥遥领先，而且他们一百多年积累的各种经济基数是一个巨大的基础，更不用说教育与科技。例如，中国只有173个机场，而美国有5324个公用机场和13 774个私人机场；美国有260 423公里铁路和354 813公里的延伸铁路，中国2010年只有约9万公里的铁路。

今天的中国，经济发展与社会和谐的矛盾十分突出；社会贫富悬殊现象触目惊心；物质追求与精神追求的矛盾十分显著；城乡二元结构的矛盾日益凸显；人民对民主与法制的诉求越来越高；民族矛盾与经济发展不平衡交织凸显；国际上对中国崛起的政治担忧和制约情结越来越重；台湾问题对中国政治的挑战越来越大。

中国30年的成就还是脆弱的，还需要下一个30年的沉淀和固化。站在高楼看城市，我们可以认为北京或上海比华盛顿或纽约毫不逊色，但深入细看，差距还是巨大的。经济风雨、社会风雨、政治风雨、国际风雨，都是隐忧，轻冷之时需谨防，以备晚来定风波。

纵观中华民族五千年历史，犹如浩荡长河，尽管千折百回，还是势不可挡地前行。正是"青山遮不住，毕竟东流去"。站在历史的长河边，我想起三个人的历史预言。

第一位是京师大学堂（北京大学的前身）首任总教习、美国人丁韪良博士在1901年出版的《汉学菁华》著作中的预言："中国将在一两个世纪之内开发出广袤国土上的自然资源，并用现代科学把自己全副武装起来，跻身于世界三四个最强大的国家，中国的语言和文学也将成为西方各大学的研究科目。"

第二位是毛泽东在1962年说："社会主义和资本主义比较，有许多优越性，我们国家经济的发展，会比资本主义国家快得多。……把时间设想得长一点，三百几十年建设了强大的资本主义经济，在我国，五十年内外到一百年内外，建设起强大的社会主义经济。"

第三位是邓小平，他在1987年4月曾全面阐述他的构想，说："我们原定的目标是，第一步在八十年代翻一番。以1980年为基数，当时

管理的中国韵

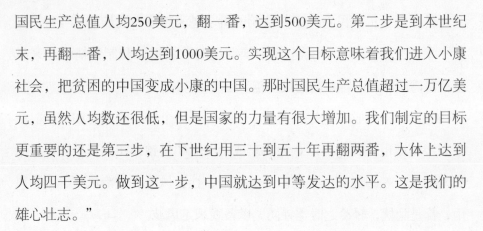

国民生产总值人均250美元，翻一番，达到500美元。第二步是到本世纪末，再翻一番，人均达到1000美元。实现这个目标意味着我们进入小康社会，把贫困的中国变成小康的中国。那时国民生产总值超过一万亿美元，虽然人均数还很低，但是国家的力量有很大增加。我们制定的目标更重要的还是第三步，在下世纪用三十到五十年再翻两番，大体上达到人均四千美元。做到这一步，中国就达到中等发达的水平。这是我们的雄心壮志。"

我不知道这三段话在当时有多少人相信，现在回头看，不得不令人感慨万千而产生那种大江东去的磅礴气势。100年前丁韪良在中华民族灾难深重之时的预言今天实现了；50年前毛泽东的盼望实现了；20多年前邓小平的计划提早实现了。

更重要的在于，现在我们如何预测和创造中国的下一个百年？是否还有一位伟人双手叉腰昂首挺胸地站在高山之巅，告诉中国人民和世界人民2100年的中国会是什么样的中国？他可能会说："我们再用20年的时间，使得国民生产总值超过美国，成为世界第一经济大国；然后再用20年，在2050年时人均收入达到世界富裕国家水平；更重要的在于到2100年时，中国将成为世界的和谐典范、文化强国，中文与英文一样成为世界语言，中国对世界的责任和贡献将无与伦比。"

每一个当下的、各行各业的中华民族的有识之士，都应该为中国的下一个30年尽一份自己的努力，哪怕它很微薄。

2011年1月

历史的大脚印

2008，北京奥运会开幕式典礼的夜幕上空，冉冉升起、绚丽绽放的"大脚印"礼花向极其现代的"有巢氏"之"鸟巢"缓缓走来。我没有把它看成奥运会的历史脚步，而是把它看成中华民族的历史脚步。

2008年是中国改革开放的第30年，也是中华民族历史上具有里程碑意义的一年。固然，那一年三聚氰胺的事闹得我们几乎对所有食品产生了信心危机，美国金融风暴使得全球经济前景悲观，但这一切不能影响我们回顾和总结中国改革开放30年历史和放眼未来的喜悦心情。

以30为数，如果一年一个脚印，起点是1978年，邓小平拉开了改革开放的序幕；如果十年一个脚印，起点是1708年，康熙年间，康熙缔造了迄今为止中华民族的最后一个"盛世"；如果百年一个脚印，那是公元前1000年左右，中华民族有确切纪年的开始；如果千年一个脚印，那是新石器时代；如果万年一个脚印，那是旧石器时代。据说华夏始祖伏羲氏的母亲踩了一个巨大的脚印，怀胎12年而生下了伏羲。中华民族就是这样从远古时代一步步走来，成为由远古历史延续至今的唯一民族。

管理的中国韵

文明之花总是盛开在富饶的土地上。北京奥运会开幕式向全世界展示了中华民族灿烂的古代文明，奥运会的物理设施和服务水平向全世界展示了中华民族的现代文明，而这种展示，只有在经济实力的基础上才能产生，或者说，才显得有意义。在三千年的历史长河中，这一代中华儿女用三十年的时间，使这一片世世代代耕耘的土地恢复了生机，经济之林繁荣昌盛，文明之花又开始流光溢彩。

在这个时刻，我要寻找的是孕育了文明之花的土壤里的商业精神和企业家，亦即推动经济进步的精神因素和推动经济进步的微观组织和个人。

历史上仅有帝王和政治是不足的。据说康熙细算过，他是中国历史上第211位皇帝，以此为准，后面还有8位，因此中国总共有过219个皇帝。以皇帝为历史脉络的记载多如牛毛，二十四史共3260部，清朝同治皇帝在位13年，就有了150多卷的历史记载。在军事方面，据国防大学统计，自远古时代到辛亥革命，中国总共发生过6000多次战争，其中重大战役从黄帝大战蚩尤到孙中山的护法运动共138场，许多将帅名垂千古。但是，在浩瀚的历史记载中，却鲜有商人和企业家的身影出现（在大历史中姑且不计较商人和企业家的区别）。

应该感谢司马迁，他的神来之笔记录了两千多年前中国企业家们的祖先。翻开130篇的《史记》，最后一篇是《太史公自传》，第129篇是《货殖列传》，《货殖列传》讲了商业形势、商业文化和商人，篇中记载了31位商人，其中包括22位大商人，9位经营小行业而致富的人。中国第一富豪范蠡——陶朱公，就因《史记》而流传千古。用寻找商业精神和企业家源流的眼光来看《货殖列传》，更觉司马迁之伟大。后世的史书中则很难看到这样对商业状况、商业精神和企业家的系统论述。

有意思的是，《货殖列传》开篇从齐国的富强讲起，先提及了管仲，"位在陪臣，富于列国之君"，管仲是商而优则仕的；然后用大段的篇幅描述了原来是政治家、后来成为商家改名陶朱公的范蠡，他是仕而优则商。可见，在那个时代，仕与商之间的互换在心理和社会文化上没有什么障碍。

陶朱公在经商19年的时间内，三次挣到千金的财富，都与穷朋友和远房兄弟亲戚们分享了，最后传给子孙，子孙"遂至巨万"，有了万金的财富。我考证过，春秋时期一金等于二十两，千金就是两万两。虽然那时的一两等于现在的多少克尚不得知，但我们还可以看到以实物计算的财富。一位从事畜牧业的人名为桥姚，有"马千匹，牛倍之，羊万只，粟以万钟计"，换算成现在的资产大约人民币5000万元左右。今天，在内蒙古、新疆都不容易找到这样规模的农牧业企业家。以用工规模计，卓氏有"僮千人"。司马迁记录的大商人中，冶铁者居其六，贸易者次之，其余有运输的、盐业的、渔业的、放贷的（金融业）、畜牧业的、农业的，还有几人兼营数业。司马迁说，他们大者倾郡，中者倾县，倾乡者则不可胜数。他还列举了汉代做小生意的人，如贩脂者、卖浆者、磨刀人、马医等等，用现代MBA语言说，就是聚焦于细分市场的企业家，也能成大富，司马迁对他们赞赏有加。

再看社会地位。孔子的学生子贡是大商人，他到各国，国君与其行

管理的中国韵

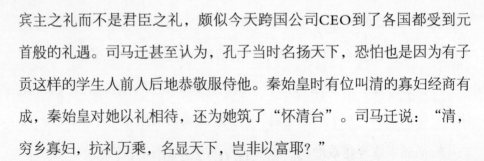

宾主之礼而不是君臣之礼，颇似今天跨国公司CEO到了各国都受到元首般的礼遇。司马迁甚至认为，孔子当时名扬天下，恐怕也是因为有子贡这样的学生人前人后地恭敬服侍他。秦始皇时有位叫清的寡妇经商有成，秦始皇对她以礼相待，还为她筑了"怀清台"。司马迁说："清，穷乡寡妇，抗礼万乘，名显天下，岂非以富耶？"

通观《货殖列传》全篇，没有轻商心理，没有仇富意识。开篇司马迁就说，求富之心人皆有之，再自然不过。求利是人的天性，富是好事，"仓廪实而知礼节，衣食足而知荣辱。"君子富了，就会好行仁德；小人富了，就会把力气用在适当之处。至结尾，司马迁说："千金之家比一都之君，巨万者乃与王者同乐。"

从新的角度看《货殖列传》，我有三点感想：一，当时的社会非常富有；二，当时的商人普遍具有社会地位；三，当时的文化中没有轻商的思想。

但司马迁以后的史学家，似乎没有那么注重商业和商人了，致使我们很难在两千多年的历史中再找到几个商人的名字。从现在起的一千年、两千年以后，那时的"司马迁"们再写历史，商业精神与文明的关系有多重要？企业和企业家有多重要？中国这一代企业家将有几人被历史记载？

我们这一代学者有责任探寻中华商业精神源流、记载并评价当代企业家和企业史，使经济和商业历史的脚印一步一步清晰地向前迈进。

2008年11月

寻找经济发展的精神气质

人是有精神气质的,如男人之阳刚气质和女人之阴柔气质,如男人中温文儒雅之气质或粗犷豪放之气质,如女人中大家闺秀之气质或小家碧玉之气质。

国家和民族作为人的集合,也是有精神气质的。马克斯·韦伯在1915年发表的《论新教伦理与资本主义精神》一书中,阐述了新教伦理符合资本主义精神,因而导致了资本主义的诞生,他的字里行间充满了对以新教伦理为基础的"西方文明"的温情与自豪。马克斯·韦伯明确指出,中国不能发展资本主义的原因在于中国伦理的土壤中缺乏资本主义精神。西方一些学者在20世纪90年代做了一个世界经济文化地图的研究,也发现文化因素与经济发达程度有关,当今经济最发达的国家基本都是新教占主导地位的国家。因此可以说,西方的经济发展具有以新教为代表的西方气质。

马克斯·韦伯还写过《儒教与道教》,但在世界视野之下看中国、在东西方文明的比较之中研究"汉学",我更欣赏丁韪良(美国人)的

《汉学菁华》、明恩溥（美国人）的《中国人的气质》、林语堂的《吾国吾民》（英文写作）。丁韪良是京师大学堂（北京大学的前身）的首任总教习（相当于校长），明恩溥是促成将庚子赔款返回中国办教育的人，林语堂则不用介绍。他们都有很高的中国文化和西方文化修养，都对中国和中国人民十分热爱。这三本书十分精彩，但他们有一个共同观点我不能同意。他们都是基督徒，他们在热爱中国的同时都直接或间接地表达，只有用基督教精神来改造中国才可能拥有辉煌的未来。丁韪良在1901年就大胆预测中国会在一两个世纪之内用现代科技把自己武装起来，跻身于世界三四个强国之列，而西方各大学也会把中国文学作为必修课之一，但是，中国需要基督教文化的改造。林语堂在肯定中国历史成就的同时，感叹抑或只有上帝自身出场才能匡助中国，使之成为第一流民族。

一百年后的今天，丁韪良的预言成为现实，中国已经跻身于世界三四个强国之列，但肯定不是依靠基督教精神的改造和上帝的恩典。遗憾的是，我们自己还说不清楚我们的经济发展是否具有什么精神气质或者将走向什么样的精神家园。我们的企业家们在重要场合都穿着西装，但似乎不具有西方气质，好像也没有东方气质。无论如何，中国经济的确发展起来了，马克斯·韦伯的理论不能解释为什么中华文化能够支撑中国几千年的经济发展，为什么华人到世界各地都是经商的好手，尤其不能解释中国这30年的经济成就。如果我们承认经济发展与文化有关系的话，倒是需要我们自己来寻找中国经济发展的精神气质了。

辑一·论中国精神

在写文章的同时，我随手翻了几本书，看到三段故事。

一是瞿秋白的故事。瞿秋白临终的最后一个夜晚睡得特别沉，应验了他平日所说的"睡觉是小休息，死亡是大休息；小休息小快乐，大休息大快乐"。那天早上他用韦应物、郎士元、杜甫的句子凑成一首七绝：夕阳明灭乱山中，落叶寒泉听不穷，已忍伶俜十年事，心持半偈万缘空。然后，独酌独饮、唱着国际歌从容就义。瞿秋白在他定格于36岁的人生中演绎了儒家的入世理想、演绎了道家的豁达超然、演绎了唐诗的浪漫优雅，这是一位中国共产党人（而不是苏联布尔什维克）的精神气质。我又想起周恩来说过的一句话：我是共产党员，但我更是中国人民的儿子。周恩来也是一位极具中国精神气质的政治家。我们现在有具有唐诗气质的企业家吗？

二是有一位担任过国家最高领导人的元老在20世纪90年代时（说明这个时点很重要），对子女们说："你们谁若经商，我就打断你们的腿。"解读这句话，可以理解为避免腐败，但其背后的逻辑是经商一定导致腐败，另一种解读是对商业和商人的深恶痛绝。这两种解释，都是中国当代商业和商人的悲哀。今天，中国商人在民间和在世界上的形象是什么？

三是有位中国高级将领感叹解放军中的女兵今不如昔。他说二十年前几步之内必有芳草，十名女兵总有亮点。今天一百个女兵也看不到闪光。他由此感叹今天军人的质量，说今天已经不是最好的矿石都往解放军这个大熔炉里送了。我于是想，今天最好的矿石往哪里去了？政界？

管理的中国韵

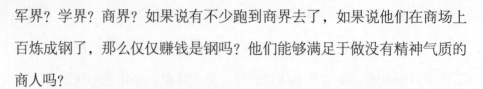

军界？学界？商界？如果说有不少跑到商界去了，如果说他们在商场上百炼成钢了，那么仅仅赚钱是钢吗？他们能够满足于做没有精神气质的商人吗？

据说拿破仑说过，男人过40岁以后就要对自己的相貌负责，那么，一个成熟的中国商人阶层也到了应该对自己的相貌负责的阶段了。何况他们脚下踩着的是具有5000年文明的土地，中国不可能也不应该成为一个没有自己独特精神气质的经济体。

2009年8月

辑一·论中国精神

祖宗情结与社会信用

前一阶段，我走访了皖南和赣北的"徽州文化带"乡村，观瞻了多处乡村祠堂。冥冥中，我感到中国人对祖宗的尊崇真是不容割裂。族谱、祠堂可以把家族的脉络梳理清楚，于前于后都非常重要。对我而言，祖父以上的人信息全无，是个"没谱"的人。早年我非常羡慕那些家族血脉源远流长、族谱清晰的人，那时只是觉得"有谱"的感觉好。如今我更加感觉到，祖宗情结对社会信用的建立和维系是有很大作用的。

当今可能是中华民族历史上道德水准最低的时代之一，否则胡锦涛总书记也不会大力宣传和倡导"八荣八耻"。之所以这样，是因为在引入市场机制、建设市场经济而法制又不健全的社会里，人们缺乏统一的道德体系和道德底线。德国学者马克斯·韦伯在他的成名作《论新教伦理与资本主义精神》中，论述了资本主义产生于新教价值体系的社会中。许多学者的研究也证明，当今最富裕、最民主、最自由、最廉洁的社会是以新教信仰为主的社会。有了统一的道德体系和道德底线，似乎可以从一定程度上克服资本主义"一切向钱看"以及

市场经济残酷的一面。

中国人的宗教情结不重,对于儒、释、道,中国人更多地称它们为儒学、佛学、道学,或者儒家、佛家、道家。原本儒家讲入世,勇猛精进,百折不挠;佛家讲出世,似空非空,非空即空;道家在出世与入世之间,行云流水,顺其自然。儒、释、道三者的精义是其价值观,却被当成了学问,可以在人生的不同时期或不同场合应用,所谓"三教合一",更多的是"三学合一"。有人提倡,在企业管理中儒、墨、道、法通用,或者说"底层用法、中层用儒、高层用道",这也是把它们当做学问或者"术"来用。儒、释、道三者中,佛教香火最旺,但多数人是"临时抱佛脚,有事才烧香"。反之,中国人对祖宗的崇拜却更为庄重。三皇五帝、列祖列宗对于中国人至关重要。一本厚重的族谱、一座庄严的祠堂、一列祖宗的牌位、一句先人的祖训,对于一个人的心灵和人生都会有深刻的影响。

凡是宗教,至少有两个共同点:一是教人善良,二是教人有所畏惧。一个有族有谱的人,看着列祖列宗的牌位,想着自己身后子子孙孙的注视,心灵的负担和犯错误的成本就比前无古人、后无来者的人更大。我想:这是中国几千年社会中祖宗情结代替宗教所起的作用,是祠堂代替教堂所起的作用;这不是中华民族传统文化中的糟粕,对当今社会来说,反倒是值得弘扬的精粹!在当前社会道德水平低下、一切向钱看、假冒伪劣泛滥、贪污腐败盛行,而法律制度还有待健全的情况下,倡导一下祖宗崇拜,是否比倡导宗教信仰更加容易和有效?当然,我们可以用网站代替祠堂，用电子文档代替族谱。

再回到企业管理。"祖宗情结"在企业管理中如何应用？我倒是很愿意有人试验一下。假如我们提出"以人为本、诚信至上"，那么我们会谨慎地招人，看他有没有潜能、符不符合我们的文化、是否诚信、有没有族谱、能不能找到祖宗祠堂或祖坟的所在地、能不能填出祖上三代的具体情况，以及有没有具有较好社会信用的人愿意为他写推荐信甚至道德担保函（不需要承担任何法律和经济责任）、前几个单位的领导能否为他写出有关道德水准的推荐信、他本人能否写出证明自己道德水平的历史说明，等等。在经营好的时候，我们谨慎扩张；在经营不好的时候，我们也不动辄裁员，而是可以采取全员减薪的方法。在这样的理念下，企业内部的制度是基于对人的信任，企业规章制度是相对宽松的。但必须对犯道德错误的人给予制裁，甚至是严厉的制裁，例如辞退、列入不受欢迎的名单、发函至他的推荐人和亲戚或祖居地，或者发函给保险公司、信用卡公司等评估其信用并能影响其经济利益的单位，等等。如果所有单位、同行业的企业都认识到信用的作用，那就应该建立共同的信用网络，使不道德的人很难再找到栖身之处。20世纪五六十年代的社会秩序为什么好？我想，这与当时人们有共同信念，以及人员的调动都有档案跟随等制度有关。

此语也许片面，众人自品吧……

这种制度如果真的执行起来，我首先是吃亏的，因为找不到自己的族谱。但我知道，我们家族曾经有族谱，也有祖坟。看来，作为祖父的

管理的中国韵

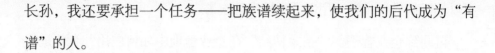

长孙，我还要承担一个任务——把族谱续起来，使我们的后代成为"有谱"的人。

2006年10月

北京奥运：中国人心态的拐点

北京奥运会的巨大成功，成为世界瞩目的焦点，也成为中国人和全球华人的骄傲和相当长一段时间内的兴奋所在。40亿人在观看中国背景下的奥运，4万记者云集北京，世界从来没有这样集中地观察过中国。各国元首似乎心甘情愿地坐在没有高低贵贱之分的观众席上观看开幕式，在我们直观感受奥运魅力的同时，世界也感叹中国。

世界对中国有了新的了解。新中国成立以前，世界对中国的了解基本停留在"拖着一根大辫子、随地吐痰"的印象中。新中国成立以后，由于存在两大意识形态阵营的对立，西方对中国基本上只有负面的报道，中国在西方的形象是被扭曲的。改革开放以后，这种状态并没有得到根本改变，西方社会对中国仍然有很多误解和误读。通过这次奥运会，世界各国的人们似乎忽然看到了一个现代化的、开放的、充满活力的、管理良好的、服务周到的中国。

中国人自己的信心也得到了巨大的提升：我们的建筑水平是世界一流的，开幕式的精彩程度是世界一流的，管理水平是世界一流的，安保措施是世界一流的，尤其是我们的运动成绩，有史以来第一次达到了世界第一的水平，中国也因此而巩固了体育大国的地位。

可以认为，2008年北京奥运会的成功，标志着中国自1840年以来的屈辱史结束了，世界将重新看待中国，中国也要重新看待世界、看待自己。中国曾将外国人统称为"蛮夷"，1860年八国联军侵略中国之后，英、法、中《北京条约》中第五十一条说道："自今用于一般之公用文中，关于英国（法国）之事者，决不许揭蛮夷等之字样，无论于北京等各地方。"可以说，在1840年至1949年的近110年历史中，中国人的心态慢慢变得崇洋媚外，变得自卑而敏感，有了强烈的屈辱感，连国歌都带着浓浓的屈辱和悲壮感。然而，我们用了60年的时间慢慢恢复了自信，这次成功的奥运会就是重要的历史标志。

奥运会结束后，有外国媒体以奖牌总数来排名，有外国媒体以金牌或奖牌数除以国家人口数来排名，也有外国媒体用大洲来计算金牌和奖牌数。对此我们无须义愤填膺，而应该慢慢地对各种排名淡然处之。不见得赢了就是中国腾飞，输了就是中国耻辱。

在这样的时刻说"中国人的气质"，那一定是正面的，因为奥运会的光环把中国人照耀得无比辉煌。但很少人知道，《中国人的气质》是在西方研究中国问题的人士的必读之书，是西方汉学的奠基之作。该书于1894年出版，作者是美国的传教士Arthur Henderson Smith，中文名为明恩溥。书中把中国人的性格分列了26条，其中负面的有16条：死要面子、忽视精确、易于误解、拐弯抹角、固执、智力混沌、麻木不仁、轻视外国人、缺乏公共精神、保守、不讲求舒适和便利、缺乏同情心、缺乏时间观念、相互猜疑、缺乏诚信、缺乏宗教精神；正面的只有区区5条：节俭、勤劳、忍耐和坚韧、相互负责、遵纪守法；还有5条从字面上看是正面的，但实际内容是负面的：注重礼节、知足常乐、孝顺、仁慈、富有生命力。依他这样的写法，中国人性格中的正面因素只有不到20%。不要以为明恩溥在中国待的时间不长、不了解中国人，此书出版时他已经在中国住了20年，他一生在中国的时间足有半个世纪，关于中国问题写了8本书；不要以为他对中国没有感情，是他建议并促成了美国政府退回中国的庚子赔款，让中国利用此款发展教育事业。100多年过去了，回头看看此书，虽然感到他的文化立场有问题，感到他那个时代是中国最贫困、最混乱、最屈辱的时代，感到他的文笔有时太尖酸刻薄，但理性地说，还是要敬佩他对中国人的观察和分析，以及他对中国文化历史和语言的了解，在很多地方，他确实切中了中国人的弊端。

在奥运会期间重读这本书，心中没有过去那么痛。北京上空，融会了古代文明和现代科技的礼花不断绽放；电视屏幕里，一面面"金镶玉"接踵而来；开幕式中国文化的精彩大气、闭幕式世界和谐的欢歌笑语、将在相当长时间内代表世界水准的鸟巢和水立方、在北京纷纷打破世界纪录的运动员……明恩溥有一部分说对了，100多年前，他在中国最衰弱的年代里，在对中国人的刻薄批评之后，依然预测"中国必定拥有一个伟大的未来"；明恩溥有一部分说错了，他认为"中国的需要只有基督教文明才能持久、完整地提供出来"。

管理的中国韵

　　北京奥运会向全世界证明了中国的伟大，而且这种伟大并不是基督教文明带来的。但是，我们不能再自我膨胀，不能自我沉浸在以举国之力编织的奥运梦幻之中。我们的任何成就都要用以人口为分母的思维来想一想；世界对中国人的印象，还在靠一个个中国人来展现；世界经济一体化的商业社会，还在靠一件件商品、一单单合同来体现。中国当代的商人们不妨听听明恩溥110年前在书中所言："有这样一句很流行的老话：送孩子去学做生意等于害了他一辈子。假秤、假尺、假钱、假货——这些现象在中国很难绝迹。甚至那些很大的商号也会挂出醒目的招牌，向公众宣誓，他们一定能够在这里买到'货真价实'、'绝无二价'的东西，可这些东西却是名不副实的"；"一大批证人通过广泛而又持久的观察感觉到，中国人的商业就是他们全民族缺少诚信的一个极大例证"。今天，在国际化和网络化的社会中，这种"货真价实"和"绝无二价"的东西，不知会以什么样的速度、在多大范围内对中华民族造成伤害。奥运会光芒照耀下的中国企业家们还任重道远。况且，最终的大国是科技和文化的大国，奥运会光芒照耀下的中国科技人和文化人更加任重道远。

　　最后，当然还是要感谢奥运会，感谢为奥运会做出贡献的每一位中国人和外国人。让我们永远铭记这个高峰，并以此作为心态上的拐点。从此，我们的心态将是端正的。

2008年9月

上海世博会感想

上海世博会开幕似乎还是昨天的事，闭幕就快到来了。本来以为很充裕的时间忽然变得紧迫起来，仔细想想如果这样送上门来的机会都不认真对待，不知还有什么机会可以领略世博会的风采。这样一想，就应该克服各种恐惧和惰性，去比大观园还大N次方的世博园走走看看。

应该感叹世博会发起人的伟大创意和执行力，能够组织、凝聚这么多的国家和机构来办这样的世界大观园，即使在交通和信息发达的今天，仍然具有这样的吸引力。不用说内容，仅仅看看各个馆的外观就是一种享受，那些精心设计、赏心悦目、争奇斗妍的建筑，让人十分怜惜它们只能存在半年，犹如昙花一现。想一想当它们随风而去，心情会比林妹妹葬花更忧伤。

中国馆的独特造型早就蜚声海内外，但身临其境的感受还是不一样。那种宏伟壮观，那种雍容华贵，那种惊鸿一瞥的美艳逼人，那种横看成岭侧成峰、远近高低各不同的视觉感受，绝不是照片和电视能够传达的。进入其中，反而觉得略有遗憾，除了动态的清明上河图给人一种把古代繁华与现代科技结合的创意新鲜之外，其他则稍显乏善可陈。我不敢假设主创团队水平不高，我更不敢假设主办方用心不足，我只能假设主办方不愿意刻意张扬中国的硬实力和软实力，不愿意让参观者过于感觉中国的强大，而精心演绎了一番小桥流水的情调。我当然无意去认真考察事实到底如何，如果真是这般，主办方和主创方可谓用心良苦。

中国现在的确具有两面性，如果外国人来中国仅仅到北京、上海、广州或者深圳然后就离开，当然会得出中国十分繁荣发达的印象，甚至中国东部沿海地区的居民不到内地去也不可能感知西部农村的贫穷落后状态。过去穷时我们打肿脸充胖子也要装阔，现在真的开始富了，我们还真不希望别人误会我们是大阔佬，更不希望别人认为我们对他们有威胁。于是，还是小桥流水一些吧。

关于世博会还流传了一句名言：不看世博会遗憾，看了世博会更遗憾。主要是说排队受不了。世博会里的喇叭不断广播着某某馆排队三小时、某某馆排队五小时，很多人一天到晚在里面只能看三个馆，大部分时间都在排队，花了这么长时间当然对所看到的内容感到失望。如果都不要排队就不会那样失望。比如英国馆的外观像一顶毛茸茸的帽子，走进去其实只有一个很小的空间里展现一根根毛管的另一端封存的一粒粒种子。不排队进去看还可以会心一笑，觉得英国佬还是蛮有创意，如果排了长队后进去看了则想骂娘。这样的状态令人觉得总流量7000万人不是一个人性化的目标，恐怕减一半是合适的。中秋节的第二天，我在世博园里，那天的数据创了纪录，达到了63万多人。如果不排队看馆的话，好像也没有那么可怕。不得不感叹世博园经过考验的管理还是够水平的。

我问过几位朋友进去后该看哪些馆，朋友推荐了一番，大部分是那些大国馆和有钱国家的馆。比如朋友推荐美国馆，他说尽管大家对美国很了解，但美国馆展现出来的美国精神还是值得一看。但我想，恐怕还是应该去看看可能这一辈子都不会去的一些国家的馆，比如塞尔维亚馆、利比亚馆、阿曼馆等等，看看人家想对中国人民说些什么，既然是世界博览会，就该更加"世界"一些。

世博会的结束会使我们伤感的，我们还有什么激动人心的期盼呢？亚运会、香港回归、澳门回归、WTO、F1赛车、奥运会、世博会……后面呢？祖国统一？足球世界杯？也许，没有激动人心的事件才是真正生活的开始。

还是趁世博会没有结束，赶快看看吧。

2010年10月

建国大业与建企大业

刚刚看完电影《建国大业》。这部影片在短短两小时内描述了1945年至1949年中华人民共和国建国的历史,各种人物与事件交互跌宕、精彩纷呈,很多场面大气磅礴、令人回肠荡气,有些细节感人泪下。如淮海战役捷报传来,中共五大领袖醉酒和泪酣唱国际歌的镜头,应该是从当时谁家的两个小女孩的眼中捕捉的,真实而动人。是啊,建国谈何容易,中国共产党建党28年得了天下,又治国60年,书写了中华民族历史上最瑰丽的篇章。

中国革命是伟大的史诗,没有任何其他革命可以与之相媲美,无论是法国革命、美国革命、苏维埃革命还是古巴革命。所有革命在中国革命面前都黯然失色:建党建军的血色浪漫、万里长征的凄美悲壮、抗日战争的艰苦卓绝、解放战争的波澜壮阔、抗美援朝的惊天动地。但是,革命对于人类而言是一种无奈的选择,革命是暴烈的、革命是短暂的,相对于革命,革命后的渐进式改革更加重要,建国后如果不能够治国,进一步的革命还会不断地产生。

影片中有一段毛泽东进城后买不到香烟的情节，引发了几位领导人对经济建设的议论。不幸的是建国20多年后，"文化大革命"中很多人还是买不到香烟，可喜的是现在不会有人买不到香烟了。

不能否认30年社会主义试验的伟大意义，至少它是一场全人类的大规模试验，至少它迫使资本主义进行了很大的改良，至少它从无到有地奠定了新中国的工业基础。更重要的是，它结束了自1840年以来中国屈辱的历史，使中国人民有了尊严。现在的人可能很难想象在那个时代有自尊心的中国人的心是多么痛。我们这一代人在改革开放初期出国时备受歧视的情景还历历在目。现在已经是完全今非昔比了。

得知还要拍摄《建党大业》，我相信那一定也会是好片子，因为它本身就是史诗，现在可拍摄的自由度又比较大。专业思维使我想到这两个大业都只有在今天中国经济腾飞的前提下才可以称之为"大业"。那么支撑中国经济起飞的一个个企业是否也有可歌可泣的"建企大业"呢？我知道好几个企业正在筹备他们的30周年。我参加过很多企业的20周年庆，但20年还没有心思好好总结，可30年就不同了，"三十年河东，三十年河西"。接下来的联想是，到底是政党的寿命长还是国家的寿命长、企业的寿命长？

查一查中国历史，就统一的中国而言，最短的王朝是秦，只有15年；次短是隋，37年；最长是汉，426年；次长是宋，319年。但汉有西汉、东汉，宋有北宋、南宋。一般的历朝历代都在300年以内。

企业的历史有多长？比较著名的同仁堂历史有340年，荣宝斋从前身松竹斋算起有347年，据说广东的"陈李济"有409年。我在家里看到一瓶山西老陈醋的品牌叫做"益源庆"，说其历史从1377年算起，那可是朱元璋的时代，至今642年了，我真希望他们能够考证出来。近代企业江南造船厂1865年成立，招商局1872年成立，清末状元张謇创办的民企江苏大生集团1895年成立，都超过100年历史了。因此现在很多企业的历史的确比国家和政党长。

我们到江苏大生集团调研，得知国民党的蒋彦士的亲属拿着当年买的大生股票现在还套了一点现金。一叶知秋，这是重大信号！说明经过革命的两个政体间还存在着连贯的商业文明。

我们刚刚去过大庆油田。大庆油田的第一口井是1959年9月26日出油的，正逢中华人民共和国第一个十周年大庆，因此被命名为"大庆油田"。大庆油田有50年历史了，而且它是中国被迫完全独立自主、自力更生的产物，极具标本意义。

我们去过长春一汽，自豪的"共和国长子"，有58年历史了。我们去过宝钢，改革开放的长子，30多岁了，当然，我们也去过无数的"80后"企业，例如同是诞生在1984年的海尔、联想、万科。

作为管理学者，我们该考虑写作中国的"建企大业"了，尽管它不可能有《建国大业》、《建党大业》那么辉煌，但它是最根本的经济基础。

此时此刻，虽然还没有看到国庆阅兵式，但我知道它一定令人心潮澎湃，我们衷心祝愿中华人民共和国万岁！但这种感性口号背后的理性

管理的中国韵

思考是革命再也不会发生,因此中国的企业也可能万岁!

2009年10月

建党大业与建企大业

最近,我在上海参观了中国共产党第一次代表大会纪念馆。尽管对中共一大的故事耳熟能详,参观后还是感叹不已。

后来惊天动地的中国共产党第一次代表大会参会代表13位,代表了北京、上海、长沙、济南、武汉、广州、旅日的50多位党员。让我们再看看这些名字:毛泽东、何叔衡、董必武、陈潭秋、王尽美、邓恩铭、李达、李汉俊、包惠僧、张国焘、刘仁静、陈公博、周佛海。有两位共产国际的代表:马林和尼科尔斯基。有两位没到会的重要人物:陈独秀和李大钊,以历史眼光来看,他们不到会的理由实在令人遗憾。

我统计了一下,这些代表的平均年龄为27岁。最大的湖南代表何叔衡45岁,最小的北京代表刘仁静只有19岁。在这13人中,北京大学学生4人,日本留学生4人,中专生4人,中学生一人。论籍贯,湖北5人,湖南4人,贵州、山东、江西、广东各一人。这样的数据也许并不说明什么,但北京大学和日本留学生,以及湖南、湖北人突出的革命性可见一斑。

就是这样的13个人,起草了中国共产党的第一个纲领,明确提出要推翻资本家阶级的政权，建立无产阶级专政，消灭私有制，建立公有制社会。其理想之远大、境界之高尚、胸怀之开阔、气魄之宏伟，令人肃然起敬。可惜的是，这个纲领的中文稿已经丢失，现在的文字是从共产国际的俄文版档案和陈公博1924年在哥伦比亚大学的论文附录英文版翻译而来，并且其中缺失了第11项条款。有些历史可以修饰，有些则不可以修饰，这份党纲就是不可以修饰的。过去有一句套话，在中国共产党前面加上三个形容词："伟大的、光荣的、正确的中国共产党。"平心而论，仅仅这一份文件，就足以证明其伟大。

几乎不可思议的是，28年后，这个神话般的奇迹实现了。但那时的13个人中，站到了天安门城楼上的只有两个人：毛泽东和董必武。何叔衡、陈潭秋、邓恩铭、李汉俊牺牲了；王尽美病逝了；李达、包惠僧、刘仁静脱党了；张国焘叛变了；陈公博和周佛海转向了国民党，最后成了汉奸。

有意思的是，中国共产党第一次代表大会纪念馆所在地现在叫做"新天地"，是香港"资本家阶级"代表来投资的一个十分成功的商业项目。另外，上海市市民也都成了有产者，只要有房者，个个至少是百万富翁。而这正是中国共产党的伟大之处，今天，已经不需要共产国际的老大哥来对中国说什么，当年中国革命就走出了一条独特的道路，今天如何在市场经济环境下坚持社会主义理想、走出有特色的道路，更是中国共产党的伟大试验。

相比于老大哥对共产主义事业的放弃，中国共产党的这种坚持本身就是一种伟大。

联想到在市场经济环境下企业组织的建立，我不知道有哪个企业在建立之初就有伟大的理想和目标，不是为了养家糊口，不是为了赚钱，而是为了服务于他人，是为了创新，是为了民族和国家，甚至是为了人类世界。我们肯定会有伟大的企业，但有谁是一诞生就伟大而不是慢慢地变成伟大？有谁能够用自己出生时的文件就证明自己生的伟大？

一个政党、一个国家、一个民族始终坚持对社会主义的追求意味着什么？即使在全世界共同的市场经济环境下，追求社会主义的政党、政府、公共事业组织、企业组织、非政府组织，与非社会主义国家的各类组织在理念和行为上有什么差别？这是摆在我们所有人面前的问题。我们不需要抛头颅、洒热血，只需要学习当年一无所有、但是满怀崇高理想的中共一大代表们的精神，努力让这个社会更加美好。

企业是市场经济制度中的基本组织，我们期待今天的中国企业家们，在创立企业组织和发展的过程中，多一份精神，多一份对社会贡献的追求，至少慢慢变成伟大。就像日本的松下幸之助，把创业的第12年称为"创业知命第一年"，从此变得伟大。日本不追求社会主义，但日本有伟大的企业和企业家在肩负对国家、对民族、对社会的责任。在中国这样追求社会主义的国家中，我们更有理由期待伟大的企业和伟大的企业家。中国市场化企业的历史年轮正在逼近30，我们会有精彩的"建企大业"。

2010年5月

换上华装 恢复自信

2006年度诺贝尔和平奖获得者、孟加拉乡村银行行长尤纳斯教授来北京大学演讲，他在北京的这一系列活动都穿着民族服装而不穿西装，给了我很大的触动。我觉得我们太包容了，包容到连自己的服装都没有了；我们太崇洋了，崇洋到"洋"就是好的代名词；我们太媚外了，媚外到了外国的月亮一定比中国的圆。更可怕的是这种崇洋媚外情结已经深深地进入了潜意识——我们的穿着就是例子。

如今中国人穿着西服上班理所当然，而穿着民族服装则显得怪异。在一次民族运动会的入场仪式上，少数民族代表都穿着自己的民族服装，而汉族代表则穿着西装。中国人重要会议或隆重宴会时穿西装，结婚时穿西装，毕业典礼时穿西装，参加葬礼时穿西装。APEC上海会议时各国领导人一起穿了所谓的中国服装，而我们看了后并没有一种亲切感反而觉得有几分怪异，因为我们自己在所有隆重的场合都没有如此打扮。40岁以上的人对这种打扮只能联想到舞台上的恶霸地主。

衣着是文化的重要表现，吃饭只在三餐，吟诗作画不是日常，而衣

管理的中国韵

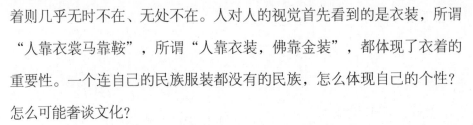

着则几乎无时不在、无处不在。人对人的视觉首先看到的是衣装，所谓"人靠衣裳马靠鞍"，所谓"人靠衣装，佛靠金装"，都体现了衣着的重要性。一个连自己的民族服装都没有的民族，怎么体现自己的个性？怎么可能奢谈文化？

在亚洲周边，中国的确已经成为服饰传承最弱的国家。日本的和服本是源自中国古代吴越地区的"吴服"，但即使在非常西化的今天，日本最贵重的服装还是和服，日本的男男女女都至少备有一套和服，在节日、毕业典礼、婚礼等隆重的场合依然穿着和服。据说日本有1200多家和服学校，专门教人缝制和服的技术和穿着和服的方法。韩国从新罗时期起，官服、朝服等重要礼服就一直延续唐朝的特点。如今韩国人虽已习惯洋装西服，但在春节、中秋节等节庆日或婚礼时，许多人仍喜欢穿传统的韩服。在印度，男子的正式民族服装类似于中山装，越是高级的官员，在涉外活动、大型庆典中越是要穿民族服装；莎丽和旁遮比服仍然是印度女性服装的主流，再前卫的女性在婚礼、晚宴等重要场合依然要穿莎丽。越南女性的国服是"奥黛"，1945年革命成功后，日常生活中穿着奥黛的女性越来越少，但近年来越南政府开始鼓励妇女在正式场合穿国服，并规定初中以上的女学生以传统服装作为校服。在马来西亚，政府还鼓励男性公务员周五穿传统服装上班。

衣冠在华夏文化中，除了"避寒暑、御风雨"的常用功能外，还承载着"知礼仪、正名分"的特殊意义。《史记》记载，华夏衣裳为黄帝所制，此后经历了五千年的沿革。服装，已成为中国历史上朝代更替和人文变迁的投射。春秋战国时，宽衣肥袖的汉服就基本定型，体力劳动者衣着"短衫"，做官和读书人则穿"长衫"，从汉代起被用于朝服，此后唐、宋、明等各朝代都沿用这种基本形式。然而在不同的政治和文化背景下，服装也呈现出变迁的个性。例如在崇尚个性张扬的魏晋南北朝时期，文人雅士"褒衣博带"成为风潮，最有名的"竹林七贤"袒胸露臂、披发跣足，以示不拘礼法。唐朝的服饰之开放，即使是现代人也惊叹不已，国都长安堪称古代的巴黎。到了宋朝，士人追求理学思想，因此当时的服饰风格崇尚俭朴。蒙古人建立元代以后，以长江为界，少数民族和汉族的着装风格和睦并行。

延续两千多年的汉族宽衣大袍，在清朝彻底灭绝。清朝推行强制性的剃发易服运动，要求男人身着满族的长袍马褂，女人穿旗袍。清末民初，中国服装更是出现了极大的变化，这不仅是因为朝代的更换，也是西风东渐的必然结果。戊戌变法提出改制易服，辛亥革命不但剪掉辫发，也废弃了烦琐的衣冠。1919年后，西服作为新文化的象征冲击传统着长袍马褂，到20世纪二三十年代，在沿海城市的上流社会和学校、洋行及各机关的办事员人群中，掀起穿西服的热潮。此后，由孙中山先生直接参与设计的"中山装"兴起。中山装是有说法的：前身四个口袋表示国之四维（礼、义、廉、耻），门襟五粒纽扣表示五权分立（行政、立法、司法、考试、监察），袖口三粒纽扣则意味着三民主义（民族、民权、民生），后背不破缝象征国家和平统一。在新中国的开国大典上，毛泽东穿着改良后的"毛式"中山装。"文化大革命"开始之后，中国人都穿上了灰蓝色的中山装或干部装。1973年，江青突发奇想推出了一套仿古连衣裙，谓之"国服"并在全国上下推行"服装革命"，然而"江青服"最终没有流行起来。

至此，中国传统服饰虽然经历了割裂式的变迁，但依然能够从中触摸到所在历史阶段的脉动。然而近20年来，这种历史感几乎戛然而止。改革开放初期的国人，穿西服还显得拘谨忸怩，还不懂得要拆去袖口的商标。20世纪80年代初，经过胡耀邦、赵紫阳等国家领导人出面倡导，掀起"西装热"，蔓延至全国，穿西装似乎成为改革开放的标志。如今，中国人穿着西装时已轻松释然，西装已经几乎成为中国人在正式场合的唯一正装。

带着疑问我查阅了历史照片，我没有看到毛泽东、刘少奇、周恩来、邓小平等老一辈党和国家领导人穿西装的照片（留学时期除外），也没有看到孙中山先生革命以后穿西装的照片，甚至也没有看到依靠西方和信基督教的蒋介石穿西装的照片（与宋美龄的结婚照除外）。这说明有民族情结的人还是应该穿自己民族的服装。如果有了这个理念，接下来的问题是：什么是我们大家一致认同的民族服装？它应该叫什么？

我觉得，它应该叫做"华装"，意味着它是中华民族的正装。我心中期待的华装不是汉装，不是唐装，不是胡装，不是旗装，不是中山装，不是毛式服装。它应该既古典又现代，既汉族又非汉族，既华丽又质朴，既高贵又平实。我期盼它的诞生，我期盼全国人民有此共识，我期盼全球华人服装设计师精心地设计它，我期盼全体中国人民用情评选它，我期盼各种各样的专家用心审定它。我期盼我们以不亚于日本人对待和服的虔诚态度对待它，在婚礼上、在毕业典礼上、在签约仪式上、在节日里、在各种纪念日里、在所有隆重的场合穿着它。而我，将抛弃所有的西装只穿它，因为它是"华装"！它是我中华多民族唇齿相依和谐共荣的融合之作，它是我中华文化源远流长博大精深的升华象征，它是我中华泱泱大国雍容大度的华贵之装！

80多年前，在北京大学举起了新文化运动的旗帜，喊出了"打倒孔家店"的口号，那是从1840年以来知识分子的心灵在各种屈辱"条约"的重压之下矫枉过正的偏激。现在，当中华民族重新崛起之时，还应该在这里发出尊重传统、继承文化的呼声。首先要做的一件标志性的事情，就是抛弃西装，换上华装，从潜意识里摒弃崇洋媚外的心态，建立民族自尊心和自信心。

2009年1月

徐汇校园遐想

2009年的夏天，我在上海交通大学徐汇区的老校园漫步。这座校园具有113年的历史。在有历史的校园里漫步，给人灵气，使人厚重，令人升华。我最喜欢的建筑是中院，古色古香，美轮美奂，亦中亦西，据说是现在中国校园中唯一跨越三个世纪的建筑。在这样的地方散步，经常感觉会遇到先贤们。

恍惚间，时光倒流，情景切换，我脚下的土地瞬间成了野地。不远处，有一行人缓缓走来，其中绝大多数人身着清朝官服，边行边议，神色凝重。这群人在我身边停下，拿出图卷，指指点点。有人叫盛大人，于是我知道我来到了这个校园的起点：1896年。那个中心人物是学校的创始人盛宣怀，那时他们给这所学校的起名为"南洋公学"。我当然理解他们为什么心情沉重。1894年，中国在甲午战争中败于日本。那次海战，中国海军的军舰、武器准备并不亚于日本，却一败涂地、全军覆没。1895年年初，李鸿章代表清朝政府签订了《马关条约》，除割地外还赔款2.3亿两白银，相当于中国当时年财政收入的4.4倍。日本举国欢腾，清政府却因此破产，靠向外国举债度日。在不断败于西方列强、不断割地赔款之后，中国再次败于我们从来不以为然的邻居小国，而且这是在以"富国强兵"为目的的洋务运动开30之后，中国人的自信心和自尊心受到重大打击，数千年的骄傲荡然无存。此后，中国有一批有识之士立志于办学，盛宣怀就是其中之一。由于清政府连办学的10万两银子都出不起，盛宣怀此行拉来了他管辖的招商局和上海电报总局的主管，让他们出资办学。我听到盛宣怀不时地在叙述强国、储才与办学的关系。我走向盛宣怀，想告诉他，他一生做的最有意义的事就是创办了这所学校，他们的办学初衷实现了。盛宣怀当时有很多官衔，但后人们都记不住，只记得他的办学功绩。可是他们看不见我的存在。

时钟又一转，到了1912年。这里的校园初具规模，周边人声鼎沸，孙中山先生来校园演讲。我跟随人群进入上院的大礼堂，孙中山先生慷慨激昂地阐述他在《建国方略》中的构想，说要在10年内为中国建设20万公里的南、中、北三条铁路干线，并建设遍及全国、联通周边国家的现代化交通网络。他满怀深情地勉励同学们发奋学习、报效国家，使中国能与欧美各国并驾齐驱。演讲结束，掌声雷动。

我穿过教授办公室，看见一个学生拿着考卷与一位外国教授说话，我凑过去一看，原来那位学生要求教授在他得满分的考卷上重新评分，因为他在列一个公式时漏写了一个平方数，尽管计算并没有错误。教授赞赏地看了他一眼，拿起红笔在错误之处写上减2分，然后将100分改成了98分，那学生如释重负地走了。我实在认不出那个学生是谁，但我知道那是20世纪30年代钱学森在上海交通大学的故事，这份考卷后来一直挂在上海交通大学的校史博物馆里。

我走到了校门口,看到一群人在送一个人。我努力辨认,依稀觉得那是青年时代的江泽民,时间应该是1947年,他此去,一路谱写了交大校友最辉煌的篇章。

我扭头,又看到另外一群人在送一位身着军服的人,他胸前的标志写着"中国人民解放军华东野战军"。我很容易辨认出那是我父亲,他当时是这个学校机械系汽车制造专业的学生,时间是1949年。我正犹豫是否要上前跟他说点什么,却见他向众人行了一个标准的军礼,一转身,汇入了一支整齐划一、浩荡无边的大军,势不可挡地滚滚向南而去,远方炮声隆隆。

我来到中央草坪,刚坐下来,听到边上的一串笑声,一组人在议论西方礼仪,细到如何着装、如何吃西餐。时间到了1978年9月,在旅美校友们的安排下,他们即将作为新中国第一个高教代表团访问美国,而开启中美两国教育交流的历史新篇章。更重要的是,两个月后中国共产党十一届三中全会召开,它作为改革开放的标志而铭刻于史册,此地此景,正是风起于青萍之末的迹象之一,那时谁也无法想象这股风后来会如何浩荡。

我眨一眨眼,回到现在,意念中的历史遨游只是一瞬间,但它饱含了多少先辈们的理想和奋斗。今天我们踩在脚下的土地,已经是全世界最繁华的区域之一,而且独具发展前景。我们继承的不仅是历史,更是那种饮水思源、永远面向未来的精神。从1865年江南制造局的设立到1895年的《马关条约》,同样是30年,中华民族承受的却是巨大的耻

管理的中国韵

辱。所幸的是，那时一批有识之士彻底认识到了教育对于国家和民族的作用。从1895年中日《马关条约》签订当年起，至1920年左右，中国掀起了创办现代化大学的第一潮。盛宣怀于1895年在天津创办了我国近代第一所大学"北洋西学学堂"（天津大学前身），又于1896年在上海建立了"南洋公学"。在康有为、梁启超等维新人士的推动下，1898年光绪皇帝颁布了《定国是诏》，其中第一项新政改革措施就是兴办"京师大学堂"，遵循"中体西用"、"中西并重，观其会通"的原则。而后，各私立大学也纷纷设立，如马相伯于1905年创立"复旦公学"，张伯苓和严修于1919年创立南开大学，陈嘉庚于1921年创办厦门大学。此外，各地还有一大批学堂、书院改造成为大学。值得一提的是，张伯苓曾是北洋水师的轮机员，亲眼目睹了甲午海战中北洋水师的惨败，强烈地意识到"在现代世界中求生存，必须有强健的国民。欲培养健全的国民，须创办新式学校，造就一代新人"。那时播下的种子，今天已经长成参天大树，培养了无数的中华英才，为今天伟大的民族复兴提供了强大的动力。

我庆幸自己能有机缘在父亲读书的学校里工作一段时间，从而能够身在其中地领略上海文化和交通大学的历史。能够踏足在这片土地上，感受150年前洋务运动的惨痛失败和今天改革开放的巨大成功，正是三十年河东，三十年河西。如此，我更为自己作为中国知识分子能够生活在这样一个伟大的时代而感到自豪。

2009年9月

樱花与梅花

2010年4月，正逢日本樱花盛开时节，我受日本经济团体联合会邀请，到东京为二百余位日本企业家和管理者做了关于中国经济与社会发展的主题演讲。20年前初到日本，后来也去过多次，但都不是樱花时节，这是第一次观赏了著名的日本樱花。

日本人爱樱花。一朵樱花从开到谢只有4—7天，一树樱花从开到谢约两周，而且随着气温变化，开花日期也在变化，所以对外国人而言，在日本看到樱花也不是一件容易的事。一朵樱花不美，一树樱花则美，令人震撼的是成片樱树林汇聚的樱花团团簇簇、浓浓密密、层层叠叠，它们浓烈绽放、灿烂辉煌，美得触目惊心，那是典型的集群之美。

更具有美学意义的是樱花边开边落，让你同时看到生命的勃发与凋零，构成一种壮烈与凄美。尤其在樱花后期，满树的樱花是生之美，满地的落樱是死之美，一阵风吹过，漫天飘舞婆娑的樱花瓣更具有由生到死的过程之美，三种美交织在一起，令人浮想联翩、感慨无比。日本称自己为樱花之国，有"欲问大和魂，朝阳底下看山樱"之说，也把追求

管理的中国韵

生之灿烂和死之决然比作"日本精神"。

而中国人爱梅花,梅花敢在雪中绽放,梅花坚韧不拔、高风亮节、冰清玉洁、傲气凛然。中国人赏梅不仅赏花,而且赏枝干,尤其在那苍老盘缠的枝干上点缀着含苞欲放的花蕾,那种沧桑的娇美烂漫韵味无穷。梅花不仅具有顽强而持久的生命力,还具有梅开二度的特殊功能。相传梅花的栽培已有4000多年的历史,现在最古老的湖北楚梅有2500年历史,湖北晋梅有1600年历史,老干死后又长新枝,生生不息。

中国文人政要咏梅无数,千古不绝,例如"墙角数枝梅,凌寒独自开。遥知不是雪,为有暗香来";"疏影横斜水清浅,暗香浮动月黄昏";"零落成泥碾作尘,只有香如故";"待到山花烂漫时,它在丛中笑"。中国人称梅兰竹菊"四君子",松竹梅"岁寒三友",梅在中国,尤其在中国历代知识分子心目中独具地位。

梅花与樱花各有其美,但其审美寓意和精神象征是显然不同的。据说在公元710—794年的奈良时代,日本说到"花"时,指的是梅花,以后慢慢转成了樱花。不知赏樱之前的赏梅和中国有什么历史渊源,也不知是否从赏梅到赏樱标志着日本在精神上的独立。

我20年前到日本和现在到日本,心境完全不同了。2010年,对于中国,对于日本,对于世界,都将是一个具有心理意义和精神意义的年份。2009年,中国的国内生产总值是4.9万亿美元,日本是5.1万亿美元,根据目前的经济发展速度,中国的国内生产总值将在2010年超过日本,成为世界第二。日本国内生产总值在1968年成为世界第二后在这个位置上待了42年，但今年，这个位置将转让于中国，而且很可能一去不复返。

哲学上有个定律叫做量变引起质变，尽管从国家战略的角度出发中国并不愿意成为世界第二，但数据的变化势不可挡，由此引起的各种心理变化也势在必然。就像20年前在日本吃一碗面条是800日元，后来一直是800日元，而每次到日本我们支付一碗面条的能力一直在悄悄地变化，从一碗面条吃掉一个月的工资到一碗面条就是一碗面条。

回溯历史，就中日关系而言，1894年的甲午战争是一个转折点，2010年则是另外一个转折点。甲午战争后的1895年，清政府与日本签订了中日《马关条约》，中国赔款2.3亿两白银。以至于1896年清政府办"南洋公学"（上海交通大学的前身）时连10万两白银都掏不出来。始于1896年的中国第一批现代大学的创办，几乎可以说是甲午战争失败后中国社会痛定思痛的结果。

更具有历史参照意义的是，南开大学的创办者张伯苓作为轮机员曾经在甲午海战中亲眼目睹了北洋水师的全军覆没。从那时起，樱花刹那绽放了116次，梅花又苦熬了116轮，期间凄风苦雨、世事无常、欲说还休。2010年，中国终于要在经济总量上超越日本，这在全世界弱肉强食的军事游戏规则改写成以经济论英雄之后，是十分重大的历史标志。

在这个时点上，尽管我们理性地认识到中国的各种数据用人口做分母后都会变得很微小，但还是要为自己的国家取得的经济成就感到骄傲，要为中华民族几代人的不懈努力而感到骄傲。在这个时点上，我们可以更加平和地、更加平等地看待中日两个国家和两个民族的关系。在这个时点上,我们要看到日本的人均国内生产总值;要看到日本的产品虽然单件并不光彩夺目,但所有产品放在一起则给了世界一个强烈的"日本制造"的一致性印象;要看到日本虽然经历了20年的经济低迷,其社会依然平稳有序;要看到日本海上自卫队的远洋作战实力除了核潜艇之外,其他数据都超过了中国。

我终于领略了樱花之美,但我还是爱梅花。这种爱无缘无故,也无法用言语表达。

2010年6月

提倡高贵 反对奢侈

最近对奢侈品的研讨会、宣传和展览成为一种潮流，其原因是奢侈品在中国的市场迅速扩大。有个国际研究机构预言，到2015年，中国将成为世界上仅次于日本的第二大奢侈品消费国家，消费额将达到150亿美元。

"奢侈品"是英文luxury的翻译。查中文辞典，奢和侈都是浪费、过分、夸大的意思，如奢望、侈谈等，奢侈是完全的贬义词；再查英文辞典，luxury首先是奢侈、奢华，还有精美昂贵的物品和使人愉悦但非必需品的意思。在英文中，luxury基本上属于褒义词。现在已经无法去怪罪是谁先把它翻译成"奢侈品"了，而应该讨论是将它更正还是将它继续延用下去。有人主张延用，举例说原来"隐私"也是贬义词，现在成了褒义词，至少成了中性词。而我觉得应该更正。隐私对应的privacy，其翻译是正确的，它成为中性词或褒义词是因为人们的观念变化了；而奢侈在翻译上就不准确了。在每一种语言中都有一词多义的现象，母语使用者都能领会其义。比如中文的道、义、仁、信等，很难用一个英文单词来对应。如何用两个字来命名一种精美、昂贵、令人产生愉悦的非必需品呢？奢华？精致？精贵？高端？高贵？

今天的中国，一方面部分人迅速富裕起来，积累了大量的财富，但另一方面，仍然有2000多万人均年收入在683元人民币以下的绝对贫困人口。在这种环境下倡导奢侈品的消费，无疑是对和谐社会不利的，而且直接违背了胡锦涛总书记提倡的"八荣八耻"原则。但是luxury的确有市场。一方面它是高质量、精美的东西，另一方面它是有文化内涵的东西。在某种程度上，luxury带动了技术、质量水平的提高，然后慢慢地走向大众化。现在很多普通产品原来都是luxury，比如眼镜、手表、钢笔等，还有原本用在赛车上的技术也在不断地向一般轿车转移。最大的luxury是航天飞机和人造卫星，它们所使用的各种材料和技术也在向普通民用领域转移。从这一点上看，luxury是有利于社会进步的。另外，luxury是品牌精神的高度体现。所谓品牌，并不是仅靠质量和技术形成的，而是在同样质量和同样技术水平上体现出来的溢价。luxury之所以能够卖出那么高的价格，在很大程度上是因为它形成了文化，有品位，有一批忠诚的消费者。这是所有品牌的共同追求，在luxury的品牌上表现得非常突出。因此，luxury还是值得倡导的。接下来的问题是：怎样才是luxury？中国现在有没有自己的luxury产品？中国人该不该追求luxury？

我觉得luxury不应该译成"奢侈"这么贬义的词；如果没有更好的译法，我想把它译成"高贵品"。高贵品有三个标准：一是高，二是贵，三是雅。高是指高价格、高价值、高溢价；贵是指能给人带来价格以外愉悦、美好、高贵、受人尊敬的感觉；雅是指有人文情怀，有社会责任感。高贵是一种有责任的高高在上，以这个标准，中文的高贵品和奢侈品就不仅仅是名词翻译的区别了，而是有本质的区别。奢侈品是一种高价格、给人带来奢侈感和财富感的东西，而高贵品是高价值、给人带来有文化和有责任感的东西。原来的奢侈品并不见得都是高贵品。

中国自古以来就是经济大国、政治大国和文化大国，中国的丝绸、瓷器、铜器、漆器、纸砚笔墨曾经都是高贵品。可是现在，我们非得穿"阿曼尼"服装、蹬"铁狮东尼"皮鞋、拿"路易威登"箱包、戴"江诗丹顿"手表、点"都彭"打火机、写"卡地亚"金笔、饮"依云"矿泉水、喝"路易十三"洋酒，当然，还有开"宾利"轿车和"林宝坚尼"跑车，那才叫高贵。奢侈品或高贵品的出产国主要是欧洲，而消费市场主要是亚洲。现在不少媒体为某某奢侈品牌进入中国、某某奢侈品牌在多个城市开了分店感到高兴，好像这是中国人民富裕起来的象征，但我实在不希望看到某国际调研机构的预言成为现实。我在巴黎路易威登总店里看到的购买者基本上都是亚洲人，其中有很多中国人。这种现象意味着什么？亚洲人比欧洲人更有钱？亚洲人的鉴赏力比欧洲人更好？亚洲人的品位比欧洲人更高？如果不是炫耀心态作怪，我真不知道刚刚富起来的中国人有什么理由要拿着一个一万元的"姬仙蒂婀"手袋和穿一双一万元的"路易威登"皮鞋，那皮鞋也就是一个鞋底和几条皮条子构成的。从营销学的角度我们要学的是人家营销的本事，从社会营销学的角度我们连这点也不要学。现在的社会文化受商业文化的影响太多，企业千方百计地勾引消费者的购买欲望、攀比欲望、占有根本就不需要的东西的欲望。所谓奢侈品就是例子，所有的宗教节日几乎都变成了"血拼"节也是典型的例子。中国人完全不应该为那些所谓的奢侈品支付高额溢价。

过去我们太穷了，因此有很多"奢望"。比如，"等咱有钱了，买豆浆一买买两碗，喝一碗倒一碗，打出租一打打两辆，坐一辆跟一辆。"现在咱真的有钱了，千万别干那傻事儿，咱有本事就把豆浆卖到国外去，卖得比他们的牛奶贵三倍。

2006年7月

孔子・市场经济・企业家

在改革开放以后,我们引进了西方的设备,但感到光引进设备不够,还要引进他们的技术;引进了技术感到不够,还要引进他们的管理;引进了管理感到不够,还要引进他们的制度;最后,引进制度不够,还要引进他们制度背后的理念和价值观,这样就等于要全盘西化了。中国改革开放近30年,已经走到了这个地步:要不然全盘西化,要不然就要找到符合中国人自己价值观的管理制度、管理方法和管理工具。

中国社会的思想混乱、信用缺失、道德沦丧,已经到了必须正视的时候了。前些时间流行的手机段子说:"除了假的不是假的,其他都是假的。""愿你的快乐像假货一样越来越多!"我的一位好朋友在法国居住了20年后回来做生意,居然被自己的哥哥骗了700万元,他颜面尽失、伤心欲绝,因为这里还有他的法国合作伙伴的钱。但他的法国合作伙伴说,算了,自己的哥哥,最后他的良心会过不去的。可是他的哥哥真有"良心"吗?可能他正在偷笑自己的弟弟和法国佬傻呢。

因为计划经济没有使我们的经济改善，我们走上了学习西方市场经济的道路；因为没有理论指引，我们只能高举毛泽东思想伟大旗帜走市场经济道路，"不争论"、"摸着石头过河"。但毛泽东思想与市场经济并不适应，西方的市场经济有两个重要的支撑点而我们没有：

一是严密的法律制度。我们是从计划经济走向市场经济的，计划经济制度下的法律和规矩完全不适用于市场经济。我们采取的是渐进式改革，市场是一点一点形成的，旧的法律法规是一点一点突破的，往往要到很多人违法违规、法不责众的时候才开始修订法律和规则，比如外汇制度、土地制度、人事劳动制度、户籍管理制度，等等。所谓改革开放就是要打破过去的条条框框，因此社会上的法律观念必然淡漠，甚至形成无法无天的潜意识。

二是西方的市场经济背后有宗教信仰。马克斯·韦伯论证了西方资本主义是在新教教徒聚集的地区产生的，迄今为止以新教为主的国家仍然是世界上最富裕的地区、最民主的地区、最廉洁的地区。西方的法律往往也是滞后的，但有宗教在调节人的心灵。现在我们信仰什么呢？无论在什么样的制度下，一个没有信仰和统一价值观的社会是可怕的；而在市场经济社会中，没有信仰和道德，陷入"笑贫不笑娼"、"金钱至上"的拜金主义，就更加可怕。

两千五百年前的孔子为什么得到后世的极大推崇？因为孔子奠定了中国人的基本价值观，使得大家有了基本的行为准则。如果仁义礼智信不好，那么不仁不义不礼不智不信好吗？或者有什么更好？如果君君臣臣父父子子不好，那么君不君、臣不臣、父不父、子不子好吗？如果媳妇孝顺婆婆不好，那么大家都认为婆婆应该孝顺媳妇也行啊。一个社会总该有一个全社会都基本认可的价值观。在市场经济环境下，承认人是自私的，追求利益是合理的，私有财产神圣不可侵犯，企业是为了利益而存在的组织。但无私是否更高尚一些呢？有利益以外的追求是否更好一些呢？公有财产与私有财产相比哪个更神圣一些呢？企业负社会责任是否更应当受到尊敬呢？中国的企业家和社会大众到了应该集体思考这些问题并给出答案的时候了。

去年暑假女儿上了大学，为了让她对中国文化有些直观的认识，我带她从济南上了泰山，又到了孔庙。路上有感而发，我填了一首词——《长相思·游齐鲁思儒释道》："泰庙高，孔庙高，庙下君王尽折腰，皇朝彼此消。道香烧，儒香烧，香绕大明千佛漂，三烟并九霄。"中国人的文化根源主要来自于儒、释、道。虽然三教都有香火，但在济南，千佛山的最旺；泰山顶上是道教的地盘，香火次旺；曲阜的孔庙里香烟淡淡，冷冷清清，一派破败零落相。尽管三股烟在高处融合在一起，三教融合，但总还是有个主流，既然说"儒释道"，那应该还是以儒为首。孔子是近代知识分子对中国文化矫枉过正的牺牲品，至今其地位也没有得到应有的认可。那我们的价值观应该统一在哪里呢？我们一想起苏格拉底、柏拉图、亚里士多德就好像很哲理，一想起孔子、孟子就好像很腐朽。这种感觉是怎么来的？

这个话题不是一篇文章所能够承载的。其实全世界人民都有理想情结，柏拉图的理想国、陶渊明的桃花源、莫尔的太阳城、巴黎的公社、前苏联、我们自己和半个地球的共产主义和社会主义试验，但为什么最后不约而同地走向了市场经济制度呢？这背后是有深刻道理的。市场经济并不导致道德沦丧。我想与企业家们一起看看西方市场经济历史中的企业家们走过的道路：

第一，西方市场经济制度下，用管理语言说，私人资本满足顾客需求；用经济学语言说，私人资本对社会资源进行最佳配置；用政治语言说，私人资本在为人民服务，私人资本在某种程度上也是社会资本。第二，西方很多国家的企业所得税已经到了50%，遗产税也到了50%。第三，很多企业家赚了钱后都建立了基金会，用捐款的方式回馈社会，如洛克菲勒、福特、杜邦、诺贝尔、帕卡德、山姆·沃顿、比尔·盖茨，甚至索罗斯。第四，事实证明，几乎所有能够基业长青的百年老店都是有社会责任感的企业。

那么，我们受过传承了两千五百年的孔子思想和延续了几十年的共产主义理想教育的企业家，为什么不能从一开始就建立社会责任意识？为什么不能共同营造一个讲诚信的、有道德的市场经济社会呢？

寻找能够在当今中国市场经济环境下统一人们头脑的信仰和价值观，已经刻不容缓。中国历史上有庙的文圣是孔子，武圣是关公，看似无庙其实有庙的文武近圣是毛泽东。我们需要新的圣人还是需要回归到孔子？

2006年4月

虎年说虎

2010年是虎年，虎的题材很流行，各处看到虎的画、虎的照片、虎造型的艺术品等，基本都是活泼可爱的虎。例如，看到一幅齐白石画的虎，只是一个背影，淡淡几笔，活生生一只可爱的大猫。还看到一张福州动物园里五只老虎齐齐站起来向游客拜年的照片，令人忍俊不禁。

其实，老虎是百兽之王，凶猛无比，是要吃人的。因此，人恐惧虎，并对这个恐惧的对象产生尊敬感和崇拜感。我收集了70来个关于虎的成语，想看看其中的褒贬比例，却发现绝大部分都是褒义的，有些贬义的如"为虎作伥"、有些中性的如"不入虎穴、焉得虎子"，但虎在其中并非贬义。

我印象中人与虎的著名故事有三个：一是李广射虎；二是武松打虎；三是毛泽东的纸老虎论。

唐代卢伦写了一首诗："林暗草惊风，将军夜引弓。平明寻白羽，没在石棱中。"传说李广夜里遇虎，一惊之下射出一箭，白天来寻，发现箭镞入于一虎型的巨石中。李广回到原处，再拉弓箭，却怎么也射不

进石头了。可见虎把李广这种名将惊到什么程度。

武松打虎的故事国人皆知。说是武松路过景阳冈，别人喝酒都不敢过三碗，而且要凑齐二三十人才能于巳、午、未三个时辰结伴过冈，可是武松偏偏喝了十八碗酒于太阳落山后要过冈，以为酒家借虎吓人，意在留人住店。等他进了山看到官方告示方知可能真有虎时已不好意思回头，只得硬着头皮往前走，果然就遇到了虎。其实武松心里也怕虎，只是以为可图侥幸，若不借助十八碗酒的酒性，武松也未必敢打虎。

毛泽东的著名论断"美帝国主义是纸老虎"，是在1956年7月14日在同外国友人的谈话中提出的。毛泽东这样说绝对不是自欺欺人，而是十分辩证的。他说："我们说美帝国主义是纸老虎，是从战略上来说的。从整体上来说，要轻视它。从每一局部来说，要重视它。它有爪有牙。要解决它，就要一个一个地来。比如它有十个牙齿，第一次敲掉一个，它还有九个，再敲掉一个，它还有八个。牙齿敲完了，它还有爪子。一步一步地认真做，最后总能成功。"毛泽东这种战略气魄，是基于中国人民志愿军在朝鲜战场上打败了美军，而当时我国的国力和军力与美国极其悬殊的背景。

在最近愈演愈烈的重文凭而且重海外文凭的风潮下，我比较了一下当年朝鲜战场上志愿军将领与美军将领的文凭。美军方面的六个主要指挥官是麦克阿瑟、李奇微、克拉克、沃克、范佛里特、泰勒，全部是美国西点军校的毕业生，麦克阿瑟还担任过西点军校的校长。志愿军方面的主要将领是彭德怀、邓华、洪学智、宋时轮、陈庚、韩先楚、杨得志、许世友等，没有一人上过正规大学。彭德怀上过一年湖南军官讲武堂、陈赓和宋时轮上过几个月的黄埔军校、邓华读过中专，其他人至多在延安的抗日军政大学受过训。而且，美军高级将领比志愿军高级将领的平均年龄大十六岁，也都经历过第二次世界大战，这意味着他们也更富有经验。

我想象，如果志愿军将领也都是美国西点军校的留学生，看到对手是校长、是高年级的优秀师兄时，不知还有多少打胜仗的勇气。可正是这些土里土气的志愿军将帅们，你打你的，我打我的，打出了威风，打出了辉煌，打败了以世界上最强大的美军为首的联合国军，为羽翼未丰的新中国打出了一个安稳的周边环境。

李广一惊射虎，武松一醉打虎，在一惊一醉之中，至少也证明了人还是有打败虎之潜力的。毛泽东则冷静论述美帝国主义是纸老虎。今天，美国依然强大如虎，但我们必须从战略上、从心态上把它视如纸老虎，否则不可能战胜它、超越它。中华民族在经济发展的基础上进行伟大的文化复兴之时，可以尊美，但不能崇美，更不能恐美。中国知识分子，尤其是从美国留学回来的知识分子，要打破唯美国马首是瞻的潜意识，学习毛泽东的大无畏气概和把西方马列主义与中国革命实践相结合的方法，以中国人的智慧创造出中国模式，为人类知识和文化宝库增光添彩。

2010年4月

社会主义：理想与制度

最近在很多场合听到各种各样的人的交谈，主要话题都是社会问题。最近亦有机会与2006年诺贝尔经济学奖获得者埃德蒙·菲尔普斯教授交流，他现在是哥伦比亚大学资本主义与社会研究中心主任。我建议我们应该共同成立"社会主义、资本主义与社会研究中心"，并将中美两国进行比较，他欣然同意。

在没有社会主义国家之前，社会主义是一种理想；在苏联社会主义国家建立之后，社会主义是一种制度；在斯大林模式的社会主义制度试验失败之后，还没有找到一种在全球经济基本一体化的市场制度下的新社会主义制度，社会主义又变成了一种理想。世界上曾经有15个社会主义国家，占人口和土地面积的1/3左右。现在只剩下了中国、朝鲜、古巴和越南，只有朝鲜和古巴还在坚持斯大林模式的社会主义。

我理解的中国共产党对社会主义的坚持首先是一种理想上的坚持、信仰上的坚持和理念上的坚持。十多年前，北京流传着一个笑话：一条路上跑着三部车，第一辆车的司机是克林顿，第二辆车的司机是戈尔巴乔夫，第三辆车的司机是邓小平。来到一个三岔路口，指示路标一边写着资本主义，一边写着社会主义。克林顿毫不犹豫地开上了资本主义方向；戈尔巴乔夫停下来，抽了一根烟，思考了一会儿，开上了资本主义方向；邓小平也停下来，抽了一根烟，思考了一会儿，果断地对调了两个方向牌，坚定地开向了社会主义方向。这个笑话表面上看是对邓小平的讽刺，其实正是体现了邓小平的伟大。

我坚信邓小平是真正的共产主义者和社会主义者，他始终保持着对共产主义和社会主义的信仰和建设社会主义的理想，只是在意识到以公有制和计划经济制度为特征的社会主义道路有问题后，愿意试验如何在市场经济的道路上走出一条社会主义的新路来，因而果断地进行了中国特色社会主义的试验。而戈尔巴乔夫则在"新思维"之下放弃了对社会主义信仰和理想的追求。

坦率地说，至今我还没有看到一种令人满意的对中国特色社会主义的理论解释和制度设计，但我认为，这种对社会主义信仰和理想的坚持本身就是一种伟大。社会主义的概念十分宽泛，有学者将当代世界社会主义归纳为九家，划分为大三家、中三家、小三家。大三家是科学社会主义、民主社会主义、民族社会主义；中三家是生态社会主义、托派社会主义、极"左"社会主义；小三家是无政府社会主义、西方学者社会主义、当代空想社会主义。其中，影响力最大的是科学社会主义和民主社会主义。有学者认为，所谓社会主义主要是相对于资本主义而言的，其最基本的性质和制度安排应当在根本上有别于资本主义。例如，科学社会主义的制度安排是以斯大林模式为标准的，其基本特性是公有制、计划经济加无产阶级专政（共产党领导），这显然是与资本主义完全不同的社会制度。而民主社会主义是在资本主义的基本制度下改善分配、加大社会福利的一种理念和制度，因此，民主社会主义是做了若干改良的资本主义。但如果把社会主义当做一种理想和信仰，它就会有更多的包容。

邓小平说过，贫穷不是社会主义，因此，全党全国集中发展经济30年，但仅仅达到富裕是不是社会主义呢？显然不是，共同富裕才是社会主义的主要目标。共同富裕是社会主义的基本理想，至于如何实现共同富裕，则是制度安排和实现手段，是否让一部分人先富起来、用计划经济手段还是用市场经济手段、如何设计一次分配、二次分配、三次分配，都是第二个层面的问题。邓小平还说过，中国特色的社会主义不会产生两极分化，但今天中国社会的两极分化十分严重，基尼系数大于0.46，超过了0.4的警戒线。

在没有把理论问题彻底解决以前，能不能建设中国特色社会主义？毛泽东曾经说过："我们的任务是过河，但是没有桥或没有船就不能过，不解决船或桥的问题，过河就是一句空话。"毛泽东既有坚定的目标，又有理论体系和方法论，因此过了河。后来邓小平又碰到了新的河，他没有找到新的理论、新的船与桥，于是他"摸着石头过河"。虽然不如有桥和船，但至少是朝着河对岸在前进，这总比不过河要好。

30年前，邓小平实行改革开放，引进西方的各项有利于经济发展的制度和措施，提出"实践是检验真理的唯一标准"，摸着石头过河，愿意朝着市场经济的方向探索中国特色社会主义，是一种智慧，是一种勇气。30年前，在以毛泽东思想为主导的时代，谁都能说清楚什么是社会主义，什么是资本主义，但人民并不满意当时的社会主义，因而强烈地支持邓小平的"猫论"和"石头论"。30年后的今天，如果我们还摸着石头，仍然解决不了桥和船的问题，则显得十分无能。

从另外一个角度说，社会主义是三个层面的东西：理想、制度和方法。虽然我们说不清社会主义的制度安排——是公有制还是私有制、是计划经济还是市场经济、是一党民主还是多党民主等，但即使在不同的制度安排下，或者说制度安排还处在新的试验阶段时，并不等于一定丧失对社会主义的理想和追求。例如，宗教的教徒不会因为在不同的制度下就放弃对宗教理想的追求。那么，七千多万名中国共产党党员和三百多万个党的基层组织，对社会主义的信仰和理想的追求，可以因为实行市场经济就有所改变吗？

在同样承认私有制和采纳市场经济基本制度的条件下，在效率与公平这一对基本问题上，不能绝对地说资本主义不要公平，社会主义不要效率，其根本区别在于资本主义更追求效率，社会主义更追求公平。经济公平是共同富裕，政治公平是法制与民主，社会公平是阶级平等。因此，可以把社会主义的理想简述为：在共同富裕基础上的社会公平。

当今中国社会的主要矛盾是少数富裕与共同富裕的矛盾，是经济发展与社会公平之间的矛盾。在没有解决新的社会主义制度安排之前，或者说在新的社会主义制度试验尚未结束之前，对社会主义理想和信仰的追求至关重要。每一个有社会主义理想和信仰的个人和社会基本组织，都应该在力所能及的方面进行对社会主义理想的追求和试验，尤其是富人和企业组织。

从1978年至今，中国走出了一条比西方资本主义国家更效率优先的道路，取得了巨大的成就，也积累了诸多社会问题。2004年，胡锦涛总书记代表中共中央提出建设和谐社会的理念，这标志着党的方针从"以经济建设为中心"到"以建设和谐社会为中心"的转移，其本质就是从以经济效率为中心到以社会公平为中心的转移。2010年8月16日，日本政府宣布承认中国的GDP超过日本，成为世界第二经济大国。从此，中国应当彻底告别GDP崇拜，坦然地追求中国特色的共同富裕与社会公平，也就是中国特色社会主义。

如果资本主义国家的富人和企业组织在这一方面的觉悟和实践优于中国，如果我们还需要比尔·盖茨和巴菲特来教育社会主义中国的富人和企业家，如果中国共产党党员（尤其是富人和企业家共产党员）的社会主义理想不高于中国的非共产党员和西方国家的非共产党员，中国还有什么脸面称自己为"中国特色社会主义"？

2010年9月

论商业文明

从2005年开始,中国商业界的精英人士从各自的立场和视角提出了对"商业文明"的关注,例如云南红酒业的武克刚提出"中国呼唤工商文明"、格力空调的董明珠倡导"工业精神"、万科的王石说"让灵魂跟上脚步"、阿里巴巴的马云呼吁"新商业文明"。"2009(第八届)中国企业领袖年会"的主题就是"新商业文明的中国路径"。在会上,成思危、钱颖一、刘东华、张维迎、马蔚华、侯为贵、陈东升、金志国等纷纷争说商业文明。虽然各人所说的商业文明意思不尽相同,但至少说明,在中国改革开放30年取得巨大经济成就的同时,社会各界感受到,商业发展促进了社会的进步,也导致了一些不文明,在经济快速发展的同时,存在着规则缺失、道德缺失和精神缺失的现象。

文明是一个复杂的概念。依照字典对文明的基本解释,文明是一种较为先进和高级的社会形态。学者们认为,人类进入文明的两个基本标准是文字和城市的出现。在英文"civilization"的词根中,似乎更多地具有城市化和公民社会的含义。在中文"文明"二字中,似乎更多地具有文采高明的文化含义。《易·乾·文言》：见龙在田，天下文明。这是中国最早出现的"文明"一词。无论中英文，文明都有讲规则、有礼貌的意思，中文尤甚。

"商"在中文里主要有三个含义：一是商族、商朝；二是商业、交易；三是商量、协商。这三种意思是相关联的。商在灭夏之前，就是一个爱好和善于贩运做生意的部落，后人将"商部族所世传的行业"叫"商业"，将本来是指"商部族人"的"商人"演变为"经商的人"。关于商业，就是以交易（交换）的方式获得利益（主要是物质财富）的社会活动；商人就是以商为业的人群。狭义的商业专指流通领域的贩卖和零售活动。广义的商业泛指一切商品（包括无形商品）的生产、配套、交易、服务过程涉及的一切活动。值得注意的是，"商"有商量、商略、协商之义，《说文解字》中说："商：从外知内也。"看来，商业"天生的"与平等、协商联系在一起，主体之间的地位是平等的，双方的交易必须商量、协商才能达成。

商业文明由商业与文明组合而成。首先应该认识到，商业的产生本身就是一种人类文明的表现。从对历史的考证来看，古代商业的产生早于文字和城市的产生。在中国，交易和市场的产生早于甲骨文，有"神农氏日中为市"的传说。在国际上，有学者指出早期文字是由于交易记账的需要而产生的，所谓的城市也是先有集市再有城。因此，古代商业早于文字和城市，甚至促进了文字和城市的产生，它是人类早期文明的重要组成。现代商业文明则是在人类一切文明的基础上建立起来的、尽可能用市场交易解决各种社会问题的状态下产生的一种新的广义商业文明。

文明的反义词是野蛮。商业文明的反义词是商业野蛮，或者温和的说法——商业不文明。此时商业文明是指讲规则、守秩序、有礼节的商业，它包含两个方面：一是社会有商业规则，二是商人守规则。另外，商业文明对应于农业文明和工业文明时，其含义是商业发展导致的社会进步状态，此时商业文明是指商业发达后的社会结果。

鉴于以上的思考，我把商业文明界定为"促进商业发达及商业与社会和谐发展的社会形态"。商业不发达则谈不上商业文明；商业发达却与社会不和谐，也谈不上商业文明。这一点对应了中国的中庸之道，不能不及，也不能过。当我们说"商业不文明"时，可能是不及，也可能是过了。

所谓建设商业文明有多重含义。在商业不发达的时候，是指建设能够促进商业发展的理念、制度和规则；在有商业规则而商人不遵守规则，或者在有些领域里商业规则尚不清晰而商人违背道德原则经商时，是指要按规则和道德原则经商；在商业过度而造成对社会和自然的干扰破坏时，是指建设适度制约商业使之能够与社会和谐发展的理念、制度和规则，以及倡导商业以外的精神生活。所谓建设中国的"新"商业文明，是指当今的中国在同时进行工业化、信息化、城市化、市场化、国际化的复杂环境下，既要促进商业发展，又要防止商业发展给社会造成不和谐，在这一前提下，建设一种新的理念、道德、制度和规则，提升

管理的中国韵

商业精神。这实在是一项艰巨的任务,但我们必须面对和解决。

2010年2月

辑二·论中国管理

现在的任何成就都基于一个过去的梦想，未来的任何成就也基于一个现在的梦想，中国企业的光荣与梦想是什么？中国企业是否已经有了历史？中国企业的历史基因是什么？是否可以建立中国企业博物馆来承载企业的历史？

是否存在中国管理？研究中国管理的方法是什么？如何在企业管理中借鉴中国历史上的治国、治军、治家、治己之道？如何使中国管理的哲学理念落地？案例研究在企业管理研究中具有什么意义？

什么是领导力？什么样的组织领导力最强？领导力的构成要素是什么？驱使人送命的激励要素是什么？我们可以向军队学习什么？我们可以向中国人民解放军学习什么？抗美援朝战争给了我们什么启示？中国人民志愿军为我们树立了什么榜样？企业家是否可以培养？培养企业家和培养将军有什么异同？

为什么"洋"就是好的代名词，"土"就是不好的代名词？创新与民族自信心有什么关系？对西方学习太多有什么问题？中国的企业管理创新是否应该向中国的政治创新、军事创新、科技创新学习？

中国为什么把国称为国家？家在中国文化中有什么独特的意义？国企和家族企业在中国有什么独特的意义？国企和家族企业的管理是否具有中国特色？

国与家的企业

国与家是两个概念。但我们把国叫做国家。

在英文中，国是country、state、nation，家是family、home、house。在德文、意大利文、西班牙文、俄文、阿拉伯文等世界主要语言中，也都是国即国、家即家，只有中文把国称为国家。

在春秋时期，诸侯的封地称为国，卿大夫的采邑称为家。最早关于国家的说法来自于《臧哀伯谏纳郜鼎》出自《左传》桓公二年（公元前710年），因此，"国家"的说法至今已至少有近3000年的历史。这种说法历史悠久，约定俗成，深入人心。在这样的概念下，国是大家，家是小国。

在中国文化里，在中文语境中，家十分重要。国是国家，集体是大家，厂是厂家，商是商家，店是店家，股东是东家；学问最高的叫大家，写书的叫作家，画画的叫画家，唱歌的叫歌唱家；当官的叫官家，打仗的叫兵家；家还是量词，一家企业、两家企业；家是流派、学派，儒家、道家；在现代汉语词典中，以"家"为首的词条有七十多条。

管理的中国韵

孟子曰："天下之本在国，国之本在家。"在这样的语境和现代企业制度的环境下，国有企业是"大家"的企业，只是这个"大家"实在是太大了，有13亿人。民营企业是小家的企业，但小家也是国之本，国之基，小家的集合也是不得了的大家。

能够把国当家治是一种了不起的本事，能够把治家与治国联系在一起也是一种了不起的境界。所以《大学》说"修身、齐家、治国、平天下"。在近现代和当代，我们更多地看到了把国当做家来治的负面因素，而没有研究把国当做家治的好处。例如新加坡的李光耀，他把国当家，最后儿子李显龙还接了班，似乎也没有什么不好。

中国的国企在国民经济中起了十分重要的作用，在"国家"的概念之下，中国国有企业的意义恐怕比世界其他国家都大。国企的鼻祖是汉武帝的盐铁专营，至今有2000多年历史了。国企在中国的封建王朝中一直延续到清末，今天的江南造船厂、香港招商局、中国银行、马尾造船厂、开滦煤矿等等，都是清末国企的延续。改革开放前中国的国企在国民经济中的比重几乎达到100%，20世纪90年代初，这个比重曾经下降到30%左右，现在通过市场化、股份化和国际化，国有企业得到了长足的进步，再加上对其他性质企业的控股和参股，比重又达到了50%左右。

2009年国企总共创造了30万亿的销售收入，2万亿的利润，上交了2.5万亿的税收，各项数据都同比增长了30%左右。将大国企的销售收入与各省的GDP相比，利润与各省的财政收入相比，可以排在中间地位，国企可以说是富可敌省。

我想起2005年厉以宁老师创立北京大学民营经济研究院时，北京大学的其他经济研究和教学机构的领导都来祝贺。会上有人戏言，以后的经济不分国有经济和民营经济了，都是民营经济，厉老师您的民营经济研究院把我们的饭碗都抢了。但未来恐怕不会如此，在中国，国有企业会长期存在。在一个封闭的国家经济体中，有政府之手和市场之手的说法。但在今天高度国际化的市场中，很难出现国际政府之手。因此在开放的国家经济体中，对政府以国有企业调控市场、以国有企业掌控国家资源的方法要重新评价，对国企的作用要重新认识，在美国的金融危机发生后更是如此。

当然只有国企是不够的，只有国企就没有竞争、缺少活力、缺乏创新。20世纪15个国家的传统社会主义试验证明了这一点。

改革开放30年后的中国，民营经济的力量逐渐增长，民营企业的贡献功不可没。今天被福布斯统计的中国10亿美元以上的富豪数量达到63位,仅次于美国；民企的数量达到840万户，所谓"个体工商户"（其实是微型民企）的数量达到了3400万户，实现了1.8亿人的就业。我们可以想像，这些企业可能绝大多数是"家企"。

家企不好吗？世世代代的家企不好吗？人类发明了有限责任公司，发明了股份制公司，极大地促进了经济的发展，但也带来了一些负面作用。比如有限公司负有限责任意味着可以欺诈然后逃避责任。上市公司在很大程度上导致短视和急功近利。"家企"则不是这样，尤其是中国真正的家企更不会这样。我们可以想像一个拥有源远流长家谱的"家企"会如何看重自己的信誉,比如一个与家族品牌联系在一起的企业品牌,或者以祖先名字命名的乳品企业去掺三聚氰胺的可能性必然很低。

无限公司要负无限责任,有祖先荣誉感的公司可能还会在道义上负空间和时间的无限责任,比如"父债子还"。我们知道中国很多地区的民间借贷只要一个电话就可以支付上亿规模的资金,就是因为借款人会为此负无限责任。我爷爷在回忆录中写了他为父亲还债的事。我的曾祖父在清朝时曾是安徽某地的驻军首领。有一次水灾淹了军营,因为朝廷的拨款下达的比较慢,他借了一些钱修缮兵营。刚好遇到了辛亥革命,清朝被推翻,那笔款自然也就无法兑现了。但我曾祖父坚持自己偿还那笔借款,他去世后交代我爷爷继续偿还。我爷爷50多岁时在日记里写到,那一天他把父亲的欠款全部还完了,心里的石头才落地。这就叫做中国人的无限责任。

今天在市场经济中的"家企"如果能够负无限责任,则一定会得到消费者用人民币的拥抱。这样的家企如果从事食品和药品等有刚性需求而消费者很难判别质量的商品和需要信用程度比较高的行业,一定能够成为基业长青的企业。比如香港的李锦记,就是由李锦堂先生于1888年创建,历经百年,传承至今。

中国的家企可能不是一个小家,而是一个大家,例如江阴的华西村,整个村就是一个企业。老村长吴仁宝退休后,全体村民选举他的儿子吴协恩继续担任村支部书记和整个村企的董事长,这不是由资本而是由人心决定的投票,这与新加坡的李光耀父子不期而同。

光有国企不行，光有家企也不行，以国企和家企为母体会交织演化出各种丰富多彩的经济形态，如各种有限公司和上市公司。但这两种母体是基本的、缺一不可的、长期共存的、具有浓郁中国特色的。

眼下正值媒体热议中国GDP超过日本成为世界第二。胡锦涛主席访美，美国的小学生穿着中国的民族服装，跳着《辣妹子》的舞蹈迎接胡主席，奥巴马的女儿试图与胡锦涛说中文，中国向美国签订了450亿美元的采购大单，这充分说明了中国执政党以国为家所取得的重大成就。中国实现了周恩来在20世纪70年代提出的到20世纪末实现四个现代化的目标，实现了邓小平在20世纪80年代提出的到21世纪中叶人均GDP达到4000美元的目标。如果不是一个以国为家的党和政府，谁能提出那么长远的目标并孜孜不倦地追求？此时谁还能说美国的治理模式是国家治理的唯一的道路或者最佳道路？

此时美国社会还在热议《虎妈战歌》一书，华裔美国人蔡美儿在母亲的严格教导下上了哈佛大学并成了耶鲁的女教授，她继续用严格的华人教育方法培养出两个优秀女儿。她对女儿的戒条中有：不准和小朋友们约会玩、除了戏剧和体育以外的课必须得第一名等等。

20年前，这样的书不可能出版，而现在，在中国崛起的大背景下，美国社会开始对自己的优越感产生动摇，或者说对中国的各种模式：制度模式、管理模式、家庭模式、教育模式等等产生了巨大的好奇。中国的国企和家企，更应该在自己的文化背景下，走出一条具有中国特色的道路。当中国经济向美国逼近的时候，世界热议的会是《中国国企战

管理的中国韵

歌》或《中国家族企业战歌》之类的畅销书。

国家，我们共同的国，我们共同的家。

2010年2月

构建天地对接的中国管理

我始终坚信，随着中国经济的成长和中国企业在全球经济格局中占据日益重要的位置，中国工商管理思想体系必将形成，并成为世界管理思想体系中的重要内容。事实上，学术界一直在探索和辩论中国的管理思想体系，近几年企业界也开始思考这个问题。在多年学习和追随以美国为主的西方企业管理理论之后，人们普遍感觉到，西方企业管理理论并不能解决中国企业的全部问题。针对这个问题，近期网络上还有一场激烈的、甚至有些情绪化的大辩论。

中国有没有管理思想？我有一个简单的判断：管理有科学的一面，它是放之四海而皆准的；但也有艺术的一面，因人而异、因地而异。承认管理具有艺术的一面，就应该承认只要是管理独特文化下的人群，就会产生某种独特的管理思想。如果这个世界由基督教、佛教、伊斯兰教三种宗教的信徒构成，他们分别住在不同的地方，那么对于这三种人的管理理念、制度和方法一定会有所不同。马克斯·韦伯论证了资本主义是在基督教（新教）的基础上产生的。由于西方管理理论是在资本主制度中产生的，可以推论，西方管理理论的基础也是基督教，而且在这个基础上产生的文化目前处于强势。

因此，我认为现在的主要问题并不是讨论"中国管理思想体系是否存在"，而是应该寻找构建中国管理思想体系的方法。目前关于中国管理理论有三个声音比较为人熟知：复旦大学苏东水教授提出的东方管理理论、台湾交通大学曾仕强教授从哲学层次上讲的"中国式管理"、西安交通大学席酉民教授提出的和谐管理理论。苏东水教授已经连续10年召开东方管理研讨会，出版了一系列东方管理书籍，在多所大学成立了东方管理研究中心；曾仕强教授的"中国式管理"通过培训机构的大力营销和推广，对"中国式管理"的概念进行了普及。这三种中国管理的研究方法基本都是自上而下、逻辑演绎的。即从中国古代思想向外演绎，但还没有形成具有理念、制度、方法、工具的完备体系，尤其缺乏制度、方法和工具的支撑。比如，要将孔子的儒家思想运用于企业，需要怎样的人事制度来落实？有什么考核方法？有什么评价工具？因此我们说，对中国管理思想的研究基本还都在"天上"，没有落地。

我认为，还应该从另一个角度来进行中国管理思想的研究——本着"管理理论来源于企业实践"的理念，到企业中做"田野调查"。首先寻找中国企业在实践中零零散散、不成体系的管理创新，再基于大量管理创新的案例进行提炼、总结、归纳，形成模式（或制度、方法、工具），探索这些共性背后的理念、价值观和哲学思想，找到它们与中国传统思想的关系，从而完成"地"与"天"的对接，最终形成中国管理思想体系。这种"天地对接"的研究方法，还有一项需要在"天"上完成的工作——从浩瀚的中国传统思想库中寻找在市场经济环境下、在企业管理中可能落地的理念、价值观和哲学思想，以等待与"地"的对接。

我主持的北京大学管理案例研究中心和《北大商业评论》始终朝着这个方向努力。除了持续不断地建设中国企业管理案例库外，我们设立的"中国管理学院奖"、与优秀企业合作的"北京大学管理案例研究基地"、与优秀财经记者、财经作家们合作成立的企业史研究室等，都是对这项事业的推进。我们所做的工作是建设一个平台，在这个平台上，有中国最优秀的理论联系实际的学者、资深财经传媒人士和咨询专家，有具备理论素养的企业家，有管理学相关学科的研究人员，有中国各方面的标杆企业作为我们长期跟踪研究的基地，有门类齐全的管理案例，每年进行10%左右的更新，有足够的物理空间能够收集存放反映中国改革开放以来，甚至有史以来记录企业发展历史的书籍、报刊、案例文本、资料、财务数据、信息，具备进行各种案例研讨、教学和会议的硬件功能，最后，它也是展示中国企业发展的博物馆。

现在的任何成就都基于一个过去的梦想，未来的任何成就也基于一个现在的梦想。

2007年6月

中国企业的光荣与梦想

在大学时代就心潮澎湃地读过美国人威廉·曼彻斯特的《光荣与梦想——1932—1972年美国社会实录》。此书1979年翻译过来时，美国已经是超级大国。当时在很多人眼里这是天经地义的事，但我们在书中看到，40年前并不是这样。那时在全世界65个独立国家中，只有英国是超级大国，米字旗昂然飘扬在全球1/4的可耕地上。那时美国人说什么东西很稳固时就说"牢靠如英格兰银行"。《财富》杂志当时认为，自美国有史以来，英国海军一直称霸海上，将来还要称霸下去。当时美国没有大国的地位和抱负，也没有大国应有的庞大机构。柯立芝总统通常到吃午餐的时候就办完了一天的公事。总统、国务卿、陆军部长、海军部长在一个楼里办公也没有谁感到拥挤。陆军参谋长道格拉斯·麦克阿瑟将军与他唯一的副官只隔着一扇木条门，喊一声"艾森豪威尔少校"，少校就会应声而到。按兵源算，美军居世界第16位，排在捷克斯洛伐克和波兰之后，军费只有1972年的2.5‰。《财富》说美军是世界上"装备最差"的军队，对此美国人也没有不同意见。威廉·曼切斯特说："美国只有132 069人服现役，若从纸上谈兵，他们未尝不能与南斯拉夫的138 934名陆军好好较量一番；但是当真两军对垒，准会一败涂地。"1932年是美国经济危机最严重的时候，那一年有200万名美国人到处流浪，一位铁路警察的本子上写下了387 313名失业人员无票乘车的记录。流浪的妇女为了活命只好向路人出卖肉体，交易价码通常只有1角钱。"1500万人到处找工作，可是哪里也没有工作可做。"可是，到了1972年，美国的强大几乎根本无须赘述。

当时我作为1977级的大学生，躺在七八个人一间的学生宿舍里的双层床上，瞪大了眼睛也不可能想象40年后的中国会是什么样。在中国改革开放28年后的今天，我坐在北京大学的教授办公室里、坐在《北大商业评论》的编辑部里，已经可以清晰地描绘2018年的中国了。我在国际交往中经常可以感受到各国人对中国的期待和羡慕。我相信到2018年，一定会有人写出比威廉·曼彻斯特更加精彩的中国社会40年实录，这一段时期无论在中国历史上还是在世界历史上都是最辉煌的篇章。在这40年里，经过一代中国人的努力，中国经济从几千年历史长河中世界地位的最低点恢复到了数一数二的地位。

我们是这一段伟大历史的参与者、见证者和受益者，我们能够为此做些什么呢？我们至少可以从企业发展的脉络来梳理这一段历史。这是我致力于北京大学管理案例研究中心建设的理由，也是我致力于创办《北大商业评论》的理由。这10年来我走访了众多的企业和企业家，写作和指导了众多的企业案例，时刻感受到中国企业家的雄心和中国企业脉搏的强劲跳动。当2008向我们走来时，我能感受到2018离我们不远了，中国的光荣与梦想正在实现，而中国的光荣与梦想的首要构成是中国企业的光荣与梦想。于是，我们想以中国企业的光荣与梦想为主题，用两年的时间来拍摄100集中国企业的电视片、写100个企业家的传记、写100个企业的经典案例。我们希望这100个经典能够从时间段、地域、行业、企业性质等方面涵盖所有中国企业，从企业发展的视角反映中国改革开放30年的历史。我们希望它也会成为经典，长存于图书馆和商学院中，并传播于全世界。

中国企业的起点是从柳传志卖白菜、王石倒玉米、张瑞敏订出"不准在车间里随地大小便"开始的，以2008作为起点的联想、万科、海尔们已然今非昔比，成为任何跨国公司都不容小觑的强大对手。中国的国有企业在过去的30年中完成了痛苦的整编和转型，经历了市场化和国际化的双重洗礼，已经可以被称为"企业"了，它们在国际舞台上一亮相就非同凡响。中国企业的未来10年是中国经济未来10年的基础，中国企业的未来10年会是整体快速成长的10年、整体成熟的10年、整体强大的10年、整体走向世界的10年。强大的中国企业呼之欲出，世界级的中国品牌呼之欲出，强大的中国呼之欲出。我们会跟踪这100家企业，10年之后，我们一定要将这段历史再梳理一遍。

让我们迎接2008，更期待着2018！让我们见证中国企业的光荣与梦想，从而见证中国的光荣与梦想！

2007年2月

案例·网络·博物馆

《北大商业评论》是在北京大学管理案例研究中心的基础上诞生的。在最近我们委托第三方机构对读者进行的调查中，"北大案例"是最受读者喜爱的栏目。

有一次，我在上海交通大学与台湾地区的两位教授一起为海峡两岸的企业家主持了一次案例研讨课，感觉非常好。我们用的案例有四个：台湾研华公司是否要以大中华地区为"homeland"的问题；台湾华硕公司和研华公司在母公司层面互相换股，并以50%对50%合资成立新公司的案例，主要讨论了公司并购的各种问题；贵州益佰制药公司的战略问题；大众传媒的商业模式问题。各个公司的领导人都在场，台湾地区的学员大多数是年销售额几百亿元到一千多亿元公司的高层领导，大陆的学员基本也都是公司的高层领导，很多人受过MBA教育；我们三位教授也都对实践非常重视。因此，这次案例课成了我所经历过的最好的案例课之一，从学生和同行身上学到了很多东西，而且很开心。

好的案例课于学生和教师都是一种享受，闪光的思想、精彩的观点、独特的视角、缜密的逻辑、丰富的经验弥漫在教室里，教师与学生、学生与学生之间机敏幽默的交锋，时时引来会意的笑声，在笑声中智慧升华了、知识深化了、经验融合了、友情交汇了。就像一场好电影要有好剧本、好导演和好演员一样，好的案例课要有好的案例、好的学生、好的案例主导教师，缺一不可。案例教学不是教师在课堂中举举例子，而是"以学生为中心的互动式教学"，此时，教师的作用就是编剧兼导演。

联合国教科文组织曾经组织世界各国的管理教育专家分析了9种管理教育培训方法：课堂讲授、案例教学、指导式自学、研讨会、模拟式教学、角色扮演、敏感性、电影、电视，以及所导致的6种学习效果：知识传授、态度转变、分析能力培养、人际能力培养、学员接受力、知识保留力，结论是案例教学的综合效果最好。美国《商业周刊》也曾对美国排名前25位的商学院进行过分析统计，采用课堂讲授最少的是哈佛和印第安纳，占15%；最多的是沃顿、UCLA和威斯康星，占50%。案例教学是最为有效的管理教育方法之一，否则哈佛大学也不会将这种方法坚持100年。

对企业管理事件的描述都被称为案例，但严格地讲，可分为三类：教学案例、商业案例和研究案例。教学案例重在分析问题，而非解决问题，以企业的情景对应一个或多个理论知识的学习。教学案例最好是扑朔迷离，没有唯一的解，不重对错，重在分析思路和分析方法，重在知识的应用。商业案例重在解决问题，为企业提供借鉴。商业案例一般简单明确、结论清晰，例如企业遇到了什么问题、如何分析、如何解决、结果如何等。研究案例是为了验证某个理论而搜集的某一类型或不同类型的案例，重在案例与理论的对应。

企业如果能把不同岗位的人员在不同历史时期的工作总结成案例，检讨其成败得失，就会降低后来人的学习成本。我常听到企业家抱怨不少人不断地重犯前人犯过的错误，这在很大程度是由于企业没有自己的案例库。如果把所有企业的案例库连在一起，就是中国管理案例的宝库。现在已经有不少企业投资几亿元建立了自己的培训学院，可惜很少有企业建立自己的案例库。

有一本经典的军事教科书叫《谋略》，是古罗马执政官弗龙蒂努斯于公元80年左右写的，流传了两千年。他列出了军事领导人所遇到的50个具体问题，例如如何择定作战方式、如何摆脱困境、如何平息兵变、如何遏制不合时宜的求战欲望等，然后列举了前人，如亚历山大、恺撒、汉尼拔等如何解决问题的案例共581个。基于为教学服务，近10年来我们主要专注于教学案例。但我觉得，目前中国企业对案例的需求比商学院更为迫切。北京大学管理案例研究中心下一步将在扩大教学案例库的同时研究编写商业案例，针对企业管理面临的种种问题建立相应的案例库，比如公司的营销副总带着销售队伍投奔了竞争对手、裁员、品牌危机，等等。我们试图建立一个大规模的商业案例库，涵盖所有企业管理的问题。这个商业案例库应该利用网络技术，方便全国各地的企业管理人员查寻检索。这个网络还应该尽可能地链接各个企业的案例库，形管理的中国韵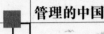

成一个庞大的案例网络,对中国企业的学习和成长有所贡献。

在长期进行各种案例研究的基础上,北京大学管理案例研究中心最终希望能够建立中国企业博物馆,记录和展示改革开放以来中国企业的发展历程,并由此上溯到民国、清、明甚至《史记》里的《货殖列传》,形成完整的中国企业发展史。我们希望在北京大学管理案例研究中心和《北大商业评论》近10年建设的平台上,聚集理论界、咨询界、传媒界、企业界的志同道合者,再以20年的规划来实现这个理想。

2006年12月

不能数典而忘祖

西点军校前教官保尔·布卡上校来清华园上课,一开场就举起英文版的《孙子兵法》问企业家学员们:读过这本书吗?没有人回答。他又举起英文版的《五轮兵书》问:读过这本书吗?没有人回答。我猜可能有个别人不系统地读过《孙子兵法》,但日本人宫本武藏的《五轮兵书》则恐怕根本没有人听说过。保尔接着说,在美国,《孙子兵法》是军官的必读之书。这种情况使我联想到"数典忘祖"和"邯郸学步"两个成语。我们应该向西方学习,但不能数典忘祖;我们可以向别人学习怎么走得更优美,但不能基本步法都丢了。

中国历史源远流长、波澜壮阔,事件无数、英雄无数、思想无数、史料无数。本来,我们应该在小学、中学、大学时代把中国文化的基本课上完。不幸的是,由于种种原因,现在60岁以下的人并没有受到这样的教育。改革开放以后,我们如饥似渴地学习西方的管理工具、管理方法、管理制度和管理思想,用我的说法是从"道、法、术、器"四个层面全方位地向西方学习。但中国的管理学者和企业家们是否应该想一想：我们读了那么多西方管理学教材和各种畅销书，但读过几本中国的书？有谁系统地读过孔子、孟子、老子、孙子的著作或更近一点如《曾国藩家书》之类的书？如我自己，小学开始就"文化大革命"，中学的课改成了"工基"、"农基"之类，大学学工科、硕士博士读西方的经济学和管理学著作，对中国文化的东西是中年以后通过理性反思才开始补课的。

对中国传统文化的否定是从20世纪初开始的，原因是中国落后挨打了。1900年，两万"八国联军"12天就从天津打到了北京，后来增兵也不过10万，就打下了山海关、保定、正定，进入了山西境内，一年后以清政府签订了屈辱的《辛丑条约》而告终。1919年的"五四运动"也是因为当时的军政府打算签订丧权辱国的条约而爆发的，然后演变为打倒旧文化、提倡新文化的运动，把落后挨打的原因归到了文化上。

学术上对儒、释、道都颇有研究的德国学者马克斯·韦伯在1905年出版了《论新教伦理与资本主义精神》一书，论证了中国为什么产生不了资本主义，也挖到了中国文化的根子上，有很大的影响力。时至今日，我对马克斯·韦伯的观点有几点思考：如果中国文化与经济发展不能匹配的话，为什么在资本主义以前中国经济那么发达、国家那么富强？为什么中国人到了世界各地后在市场经济的环境下都那么善于经商？为什么中国从计划经济转型搞了市场经济才20多年，GDP总量就达到了世界第四位？难道我们的文化在这里没有起作用吗？

我对全盘学习西方管理理论的思考是，毛泽东和军队的高级将领并没有学习过西方军事科学，但中国人民解放军建军22年就打下了江山，还在朝鲜战场上打败了最强大的美军；邓小平领导的中国改革开放也没有西方理论可以学习和指导，但20多年来取得了举世瞩目的巨大成就。中国在政治上、军事上、经济上的强大并不是从西方学习来的，中国的企业管理为什么就不能走出一条自己的路呢？中国成功企业家的道、法、术、器难道都是从西方学习来的吗？至少我知道许多成功的企业家中国文化的根底都很厚实，如张瑞敏喜欢《易经》和老子的《道德经》，李东生喜欢读《曾国藩家书》和《孙子兵法》。还有不少企业家在我党我军的培养下潜移默化地继承了优良传统，如柳传志、任正非、王石等。中国企业家的管理素养至少应该来自三个方面：中国传统文化、党的优良传统、西方管理知识。但绝大多数中国管理学者缺乏中国文化底蕴、忽视管理实践、没有条件体会党的优良传统，其知识构成几乎是单一的西方管理理论，其价值标准也是单一的西方学术标准。其实我们迫切需要的不是为已经蔚为壮观的西方管理理论体系添砖加瓦，而是要从无到有地奠定中国企业管理思想体系的基础。

新年伊始，台湾《远见》杂志采访我，主题是可否将曾国藩作为中国职业经理人的楷模、曾国藩有什么特点，等等。为此我又重读了《曾国藩传》《曾国藩家书家训》《曾国藩治军方略》等书，感慨颇多。

曾国藩可以作为职业代理人的典范。职业经理人只是企业领域里的名词，职业代理人则宽泛一些。曾国藩作为清廷的职业代理人几乎尽善尽美。清朝的八旗、绿营都打不过太平天国的起义军，却要他这样一个文人重新建立军队再与太平天国较量。为什么中国历朝历代有很多尽职尽力的职业代理人，而现在市场经济环境下职业经理人的口碑却不好呢？

主要原因，一是中国古代文官都是读四书五经出身的，有根深蒂固的忠君价值观，中国历史上很少有宰相推翻皇帝取而代之的；二是"忠君"为了"报国"，这种境界是高尚的。现在的职业经理人则没有统一的价值观，而且为老板赚钱的目的也并不高尚，他们在老板身边还常常看到老板的一些不道德行为（尽管这些不道德行为有时有些无奈），那为何不能你不仁我也不义？反正大家都是为了钱。更何况现在整个社会缺乏西方市场经济背后的两个支柱：严密的法律体系和广泛的宗教信仰。曾国藩的特点在于"四自"：自建平台、自筹经费、自建功勋、自解重权。尤其最后一点是很难做到的。有人称曾国藩为立功、立德、立言的古今第一完人，毛泽东在年轻时也发出过"于近人吾独服曾文正"之类的感慨。后来因为他代表的是无产阶级的利益，不能多提曾国藩。但我看连"三大纪律八项注意"都很像曾国藩的提法。比如，曾国藩治军有八项纪律，编成歌谣传唱，曰"三军个个仔细听……"毛泽东则说"革命军人个个要牢记……"只是曾国藩帮助统治阶级建军镇压了农民起义，而毛泽东是带领农民推翻了统治阶级。

如果要我只推荐三本企业家必读的古典书籍，我会推荐《论语》《孙子兵法》《曾国藩家书》。孔子是中国人价值观的奠基者；《孙子兵法》有博大精深的战略管理思想；曾国藩离当代最近，是如何从头建立队伍、如何领兵打仗的典范，对今天从无到有创业的企业家都颇具参考价值。如果能够通晓儒、释、道、墨、法当然更好，但是我不赞同有些学者提出的在企业的不同领域或不同发展阶段分别实施儒、法、道等，因为内心深处的核心价值观只有一种，否则就变成了机会主义者。

经济强大之后，文化就会受人关注。比如《孙子兵法》原来是从日文翻译成法文，再从法文翻译成英文的，抗美援朝战争之后，美军又专门组织班子从中文直接翻译成英文。我们自己不能数典忘祖。

2006年3月

以史为鉴

作为一个组织，20年勉强可以称之为历史，中国的企业开始有历史了。

众所周知，中国的改革开放是从1978年12月党的十一届三中全会后开始的，但早期主要是解放思想、转变观念，然后开始营造市场，有了市场才开始有了真正意义上的企业。2004年，庆祝了自己的二十周年的著名企业代表有联想、海尔、万科、上海大众，2005年有中国惠普、中兴通讯、菲利浦、诺基亚、英特尔，2006年有北大方正、吉利，2007年有招商银行、华为、娃哈哈、摩托罗拉、达能、肯德基。

我最近读了吴晓波写的《激荡三十年》、凌志军写的关于中关村发展史的《中国的新革命》，又翻了一些关于企业历史的书。我手边关于联想的书有四本：最早是1996年陈惠湘写的《联想为什么》，然后是《联想15年》《联想局》《联想风云》；关于海尔的书有5本，其中有一本是美国人迈克尔·波顿写的《首席执行官》，两本胡泳写的《海尔——中国造》《张瑞敏如是说》；关于万科的书有4本，万科的书主要以王石为主线展开。关于企业的书还有华为、长虹、科龙、创维、娃哈哈、吉利、阿里巴巴、淘宝、三九、希望、托普、IBM、微软、方太、中兴……可以说，对中国企业历史的研究已经拉开了帷幕。中国也涌现出一批专注于企业跟踪研究的记者和财经作家，如研究海尔的胡泳、研究联想的凌志军、研究企业失败的吴晓波。吴晓波领导的"蓝狮子"团队致力于公司史的研究和写作，已经小有成就。

企业的历史并不是只由成功企业构成的，如果不回顾历史，极少人知道中关村的历史是从一个叫陈春先的中科院物理所研究员开始的。他在1980年12月15日创办了一个叫"北京等离子学会先进技术发展服务部"的不伦不类的组织，然后中关村崛起了"两通两海"：四通、信通、科海、京海，后来才有今天这样以联想和一堆网络公司为代表的灿烂群星。对于公众而言，成功的故事更激动人心；对于企业家和企业管理者而言，失败的故事则更有教益。失败者的访谈和对失败企业一手资料的搜集是非常困难的，因此它显得更加珍贵。我读失败企业的书经常心情很沉重，也体会了所谓的"扼腕三叹"。前些天还读了《21世纪经济报道》记者王云帆送我的《俘获者》，书中详细记录了德隆危机产生之后到解体的600天的过程，有大量的一手资料。我感叹德隆的失败和对失败的挽救，也感叹作者的用心。回想起我看到的第一本关于企业失败的书是10年前记者孙玉红写的《风雨爱多》，当时也是同样的感受。2004年，联想、海尔、万科、上海大众同时庆祝自己二十周年给了我们强烈的印象，使我们开始对中国企业有了历史的感觉。回头看看历史，

1984年成立，辉煌过一阵的企业有史玉柱的巨人和李经纬的健力宝，再列一列名单，曾经辉煌过的失败企业名单可以拉出一长串，去年《北大商业评论》做过失败企业家的专题，列出了28位失败企业家的图谱。

相对而言，学界对企业的观察研究仍显不足。其实管理科学的两位泰斗级人物泰罗和德鲁克都是从对企业的观察开始的。由于工商管理教育的普及，案例这个词被应用的面相当广。就案例而言，凡是企业里发生的事都可以叫做案例，但严格地说，案例分成三类：教学案例、商业案例、研究案例。教学案例的目的是拿企业的事去对应管理教学上的某个知识点，从写作方法上是把要分析和对应的理论及知识隐藏在后面。商业案例的目的是直接给企业提供借鉴，它尽量清晰地描述企业里发生了什么问题、如何分析、如何解决、结果如何。研究案例的目的在于采集案例来证明某个研究假设，以便形成理论。我想无论哪一种案例，都离不开对企业的近距离观察和深入采访，财经记者们花大量时间和精力对企业史的写作可以看做是一种商业案例，一本优秀企业史包含了企业不同时期的商业案例，学者可以在这个基础上提取加工教学案例和研究案例。大量的企业史为我们的研究提供了很多素材，奠定了很好的基础。今天写案例，已经比我们1997年开始的时候容易得多了。

在中国，有20年历史的企业应该是值得骄傲的，但我们看到，同样只有20多年历史的微软公司去年的销售收入和利润分别达到443亿美元和126亿美元，思科公司达到285亿美元和56亿美元，其利润比我们绝大多数同龄企业的销售收入还多。另外，每年我们还会看到一些曾经优秀的、有历史的公司陷入困境甚至消失身影。对于领先的中国优秀企业而言，要向优秀的世界企业学习，要从失败的中国企业中吸取教训。我希望中国企业领导者的书架上摆着尽量多的企业史书籍，我也希望我们的财经记者、咨询专家、教授和企业家们写出更好的企业史的书籍，我更希望我们的北京大学管理案例研究中心在大量资料的基础上，团结中国最优秀的研究人员，写出企业的资治通鉴，让中国的管理者们有史可鉴。

我们期待中国企业的30年、40年、50年以至100年，成为世界企业发展史的主流。

2007年5月

荣誉·责任·国家
——论领导力

对西点军校略有了解的人都知道,"荣誉·责任·国家"是西点军校的口号。我因为敬佩西点军校,在20年前第一次去美国时,东道主问有什么要求,我就要求到西点军校去看看。2006年1月中旬,清华大学一个企业家研修班请来了西点军校前教官保尔上校,讲领导力课程。组织者知道我对军事有一点研究,就请我和他搭档,他讲两天我中间穿插一天,并与学员们召开一次对话会,课程的效果非常好。保尔上校年轻时,在越战中当过连长,经历过生死考验,获得过美国军人的最高荣誉勋章,退役后又自创公司,当了董事长,因此,他既懂军事又懂商业,既有理论又有实践。而我的确对军事有些研究,因此事先虽未沟通,但相互呼应、十分投机。

谈起领导力,最强的领导力就在军队之中,因为领导的命令往往是叫部下去送命。每一个领导者都可以扪心自问:必要的时候,你的部下会为你去送命吗?反过来,必要的时候,你会为了你的事业或你的部下去送命吗？人可以为什么因素去送命？西点军校口号中这三个因素都是值得为之送命的。一是"荣誉"，军人战死疆场而赢得世人的尊敬，甚至载入史册，"人生自古谁无死，留取丹心照汗青"。二是"责任"，钟南山在抗击非典的事件中成为英雄后，说了一句很朴实的话：这只是我们作为呼吸科医生的责任；换句话说，如果流行的是肝炎病毒，那就是肝脏科医生履行责任了。有责任感的人，是会为了责任送命的，如从事消防、警察等职业的人们。三是"国家"，"国"就是千千万万个家，为了千千万万个家，包括自己的家、朋友的家而送命，那真是死得其所、重于泰山。

除了这三个因素外，还有什么是值得人送命的呢？我想，第四个因素是"信仰"，为了信仰，为了主义，为了理想可以赴汤蹈火。中国共产党人的实践就是最好的印证。瞿秋白低吟着《国际歌》从容就义；夏明翰高呼："杀了我一个，自有后来人。"第五个因素是"恩义"。出于感恩和义气，也可能甘愿牺牲性命。"士为知己者死"，这样的故事在中国历史上不胜枚举。春秋战国时代，有一名大将叫白起，他用嘴为一个士兵的伤口吸脓。有人把这个消息传给那个士兵的母亲，这位母亲一听就哭了，说："我的儿子必死无疑了。"果然，这个士兵最终战死沙场。第六个因素是"巨利"。在巨大利益的诱使下，往往会有一部分人铤而走险，正所谓"人为财死，鸟为食亡"。

如此归纳一下，发现能够让人送命的因素有六个：荣誉、责任、国家、信仰、恩义和巨利。企业固然不会要求员工去送命，但会经常要员工做出某种程度上的额外付出。那么,这六个因素仍然是鼓励员工额外付出的强烈因素。企业家用利益、用恩义激励员工是比较普遍的,但前四个因素在企业里依然是可以应用的。企业家首先要问一下自己:是否有信仰、有国家和民族大义,能像松下幸之助那样把"产业报国"放在企业理念的首位?是否有荣誉感和责任感?然后,再看看如何把荣誉、责任、国家、信仰落在企业管理的实处。

同样作为一把手,何谓领导者或管理者?我认为,最重要的差别在于:领导者主要依靠人格魅力,使别人自觉自愿地追随自己;管理者则主要依靠权力,使别人服从自己。人格魅力是精神的东西构成的。企业领袖的领导力之所以往往比政治领袖、军队领袖、宗教领袖、社团领袖的领导力弱,大概是因为企业的目的是赚钱,似乎立意不高。市场经济是合理的、有益的,市场经济背后的理念是建立在"天下为私"的基础上的,认可并鼓励人们为了自己的利益去奋斗。私有财产神圣不可侵犯,但"天下为公"总比"天下为私"更高尚。最近,读了对华西村的报道,深受感动。吴仁宝当了46年的华西村支部书记,坚持共同富裕的集体经济,把华西村变成了企业集团,周边的村子纷纷自觉加入华西村。他退休之后,他的儿子全票当选为村支部书记,这不是靠控股权而是靠人心。这就是"领导力"。

西点军校为什么是美国培养企业家最多的学校?因为西点军校培养的首先就是领导力,是领导者的人格。保尔上校说,作为西点军校的学生,每个人入校时都要拍一张裸照,意味着把原来的东西统统扔掉,让

管理的中国韵

西点重新塑造。当然，西点军校的学生是18岁的孩子，要他们扔掉原来的东西并不太困难；何况西点的培养模式已经被历史验证，的确获得了巨大的成功。但我们的企业家是否仍然可以想一想：我们是否应该扔掉些什么，而在企业这样的利益组织里，加一些"荣誉、责任、国家"之类的东西？

2006年2月

向解放军学习

——写在中国人民解放军建军八十周年

2007年8月1日是中国人民解放军建军80周年的日子。中国人民解放军作为一个组织,从1927年建军到1949年新中国成立,其伟大成就举世瞩目。我们这一代人从小受到革命英雄主义的教育,小时候的理想就是长大要当解放军。后来经过"文化大革命"和"拨乱反正",对正统的宣传有些反感和不相信,但阅世较深后再回眸历史,内心对解放军产生了由衷的敬意。

我读过两本书,作者都曾经是解放军的"对手"。其中一位是台湾地区的陈培雄先生,于抗日战争时期加入国民党军队,从班排长一直当到中将。退役后用了四年时间考试、四年读硕士、四年读博士,最后获得博士学位,写出了《毛泽东战争艺术》一书。其动机就是想研究"国军"为什么输给了"共军"。他在这部书的前言中写道:从1945年抗战胜利到1947年7月蒋介石下达"动员戡乱命令"的两年间,国共两军互有胜负,但至1949年年底,"于两年之间,依据事后发布资料综合统计数据显示，中国共产党所围歼的国府兵力，计有正规军五百五十多万人。非正规军二百五十多万人。以上两项统计为八百五十多万人；至于被俘与战死的将领共一千六百八十八位。"这是败军之将的统计数据。解放战争中的三大战役势如破竹、气吞山河，在世界军事史上也堪称奇迹。

另一本书是美国人写的《朝鲜：我们第一次战败——一个美国人的反思》。作者贝文·亚历山大是当年美军驻朝鲜编史小分队队长，后来成为美国著名的军事历史学家。他在书中坦陈美军的失败。美国历史教科书并不承认朝鲜战争的失败，因为从战争的起点和终点来看，美国打赢了朝鲜战争。但就我军和美军而言，我军把美军从鸭绿江打到了三八线，显然是我军打败了美军。朝鲜战争几乎是美军第一次的军事败仗。战争是最好的影视题材，我注意到美国什么战争的影片都有，就是没有关于朝鲜战争的电影。有一次我在一个会场上举了这个事例后，一位中文极其流利的美国人说："您的观点我都同意，但有一点不对，美国有一部关于朝鲜战争的电影。"但他马上补充道，"不过那仅仅是以朝鲜战争作为背景"。

我们可以看看中美两国当时的实力差距：钢铁年产量中国60万吨，美国8785万吨；原油年产量中国20万吨，美国2.6亿吨；年发电量中国45亿度，美国3880亿度；军舰吨位中国4万吨，美国300万吨；军用飞机中国60架，美国3.1万架；国民年收入中国426亿元（150亿美元），美国2400亿美元；人均年收入中国78元（24美元），美国1600美元；国防开支中国每年28亿元（10亿美元），美国每年150亿美元。当时美军拥有绝对的制空权和制海权，后勤人员与作战人员的比例为13∶1，每个师有联络飞机22架，汽车3800余量，坦克、装甲车184辆，大口径火炮959门，无线通讯机1688部。而我军每个军只有100辆汽车，小口径火炮520门，无线通讯机69部，后勤人员与作战人员的比例为1∶200。就在这样的实力悬殊下，中国人民志愿军战胜了美军，一洗中华民族的百年耻辱。我认为这是中国人民解放军最伟大的成就。美军当时所有领导人如李奇微、马歇尔、克拉克、范弗里特等人，都对中国人民志愿军有过高度评价。一次我和几位企业家学生们聊天时说，如果以后有时间，我还想当当导演，拍一部志愿军的电影。我讲了抗美援朝战争中的几幕情节，有胜利的，也有失败的，都可歌可泣。一位学生激动地说："您要是真的拍抗美援朝题材的电影，我一定投资而且不求回报，我父亲就是志愿军老战士，刚好在要上上甘岭的前一天阑尾炎发作下了前线，而他的战友几乎全部牺牲了。"一位华侨说："每一位富起来的中国人都要感谢当年倒在朝鲜战场上的志愿军战士，是他们首先为我们赢得了尊严。"我深深地认同这种说法。

  正如彭德怀在抗美援朝战争胜利后所言，这场战争雄辩地证明，西方侵略者只要在东方一个海岸上架起几尊大炮就可以霸占一个国家的时代一去不复返了。作为一个管理学教授，我对企业如何向解放军这个组织学习管理，始终有着很大的兴趣。企业虽然是一个利益组织，但如果仅仅为利益而生存，到底会有多少生命力？已经有总参的李凯诚教授、军事科学院的江英教授等学者开始研究企业如何向解放军学习管理；从解放军退役的张建华写的《向解放军学习》深受很多企业家的欢迎；解放军培养的联想的柳传志、华为的任正飞、万科的王石、双星的汪海、万达的王健林等等，正在市场上攻城夺池。我们热切地希望他们在国际市场上续写中国人民解放军的辉煌。我也坚定地相信，既然当年中国人民志愿军没有学习美国的军事理论也能够打胜仗，今天的中国管理学界也无须言必称美国，而应该花更多的工夫去研究和总结企业管理中的"孙子兵法"与"毛泽东思想"。

2007年8月

辑二·论中国管理

一百年后看GM
——重读《我在通用汽车的岁月》和《公司的概念》

美国通用汽车公司创立于1908年，到2008年正好100年。以它为研究对象，出了两本管理学的传世之作。对管理学有兴趣的人如果没有读过斯隆的《我在通用汽车的岁月》和德鲁克的《公司的概念》，我建议找来读一读。第一本书是斯隆作为通用汽车公司的首席执行官，浓缩40年管理思想和实践经验的著作，而通用汽车公司几乎是现代企业组织和管理的发源地。斯隆当时遇到的问题，例如集权与分权问题、总部与事业部问题、厂商与经销商问题、高管激励问题、劳资关系问题、市场细分问题、技术与市场协调问题、海外投资问题等等，今天的中国企业家和管理者们正在慢慢地碰到和解决。第二本书是德鲁克受通用汽车公司的邀请，用了一年半的时间在通用汽车公司调查研究后写成的著作。他说："本书创立了一个新的学科：我们称之为'管理学'——对现代组织的结构、政策及其涉及的社会人文问题进行有组织、有系统的研究。"他后来还说："自从我在近50年前写下此书后，还没有人做过类似的尝试——无论是对其他大型工商企业还是其他在现代社会中承担责任的大型组织，无论是对医院、中小学、大学还是教堂。"

有意思的是，德鲁克的书出版于1946年，出版后并没有得到通用汽车公司的认可；斯隆的书出版于1964年，德鲁克认为斯隆写书的初衷是为了驳斥，或至少是为了抗衡他写的书，但德鲁克高度评价了斯隆的书，为他写了热情洋溢的序言，并把它列为管理者的必读之书。毫无疑问，于我们而言这两本都是必读之书，而且两本一起读起来趣味更浓。我在从事管理工作的早年，曾不经意地分别读过这两本书，现在我作为管理学教授，在思考和研究中国企业和中国企业史的时候重读这两本著作，备觉受益匪浅。

德鲁克在通用汽车公司调研一年半的事实令我们汗颜，斯隆写作的严谨和对待出版的严谨令我们肃然起敬。斯隆写《我在通用汽车的岁月》这本书的过程不下10年，写完后又放了10年，因为他认为书中提及的一些事情可能会被理解为批评同事和下属。尽管被提及的人无一例外地并不这样认为，他还是坚持等到书中提及的最后一位同事去世的当天才同意出版，而出版后的第二年他也与世长辞。

我们等待着中国的斯隆和中国的德鲁克。当我为了采访柳传志读了5本关于联想的书后，联想公关部的人告诉我，关于联想的书已有20多本；最近关于马云的书我看到的版本就不下六七种；稍微知名的企业和企业家，书店里的相关书籍比比皆是。这自然是件好事，但花几年时间调研和花几年时间写作的书有几本？能够经久不衰、能够传世的书有几本？是否有中国未来的德鲁克正在中国企业里潜心思考和埋头调研？是否有中国的斯隆正在为了写书而认真收集20年或30年前的笔记本、会议记录、书信往来、销售报表，或者为了10年、20年以后出书而梳理并实践着自己的管理思想，探索解决中国企业在发展中面临的独特问题？

我要批判中国的"研究型"管理学院几乎把在美国A类或B类杂志上发表文章作为研究成果和评职称的唯一依据的倾向。如果依据这样的标准，德鲁克连副教授也评不上。一位著名企业中分管人力资源和培训的副总裁抱怨中国两所最著名的管理学院教授的讲课质量时，用了"封杀"这样的词汇，并说他再也不愿意去参加这一类学院的研讨会，因为在会议上他只有付出而没有收益。我也曾听到一个中国著名商业杂志的主编说，再也不会将某些中国著名企业家作为封面人物，除非他们有负面新闻。我想，当中国的学者们一窝蜂地追求在美国学术期刊上发表文章，当中国的企业开始有历史而没新闻的时候，是否正是中国未来的"德鲁克"们深入企业做研究的大好时机？是否有哪家企业将会成为能够产生经典之作的中国的通用汽车？

2008年5月

GM · 金刚组 · 山西票号

通用汽车公司进入破产保护程序，恐怕是自现代企业产生以来最重大的历史事件之一。破产是市场优胜劣汰的结果，是市场规则，是市场机制的重要组成部分，在市场上企业破产每天都在发生。雷曼兄弟破产了、贝尔斯登破产了、克莱斯勒破产了。据说中国2009年第一季度破产案件上升了28%，而且退出市场的企业数平均每年达80万家，只有0.5%办理了破产清偿。

但是，通用汽车怎么可以破产？通用汽车是什么公司？它是《财富》500强的常年冠军，它是工业革命的代表，它是现代企业的化身，它是美国的象征。更为重要的是，它是20世纪最伟大的管理学家彼德·德鲁克的成名作《公司的概念》产生的基础，它是20世纪最伟大的企业家斯隆的实践基地。美国有位政治家曾经豪迈地说过，只要对通用有利，就是对美国有利。通用汽车破产，麻省理工学院的斯隆管理学院和美国管理界颜面何在？美国颜面何在？于是，美国政府出面挽救通用汽车，出资300亿而持有通用汽车60%的股权。但是通用汽车1700多亿美元的净

管理的中国韵

债务尚不知怎么解决。结局如何,还有两三个月才能见分晓。

通用汽车的破产对世界的心理冲击是巨大的。曾几何时,通用汽车就像是一艘永不沉没的航空母舰,它可以时而赚100亿美元时而亏100亿美元而宠辱不惊。中国企业正在追求成为像通用汽车那样的航空母舰般的"百年老店",但看来航空母舰般的百年老店也并不意味着"基业长青"。前一段时间查资料,看到世界上最长寿的企业是日本的金刚组建筑公司,成立于公元578年。但是再仔细一查,在2006年1月,无力清偿庞大负债的"金刚组"株式会社在其家族第40代传人金刚正和的手中宣布清盘,被高松建设收购合并。这种千年企业黯然收场的结局令人惆怅。具有1400多年历史的企业,历经40代人,度过多少战乱和经济危机都没有倒下,却倒在了似乎不该倒下的今天,原因也是规模过大和负债过度。看来,活得久和活得大还是有矛盾的。企业破产一定有企业的原因,但是当一些曾经十分优秀的百年企业、千年企业纷纷破产之时,社会是否也要反思是什么逼迫或者纵容他们过度发展、过度负债?现在的公司制度安排和金融制度安排是否有问题?

这种具有象征性意义的巨型股份公司在面临困难的时候,政府和社会是否要出手援救?在企业发展历史上,每一个成功的企业都会有几次危机,如果能渡过危机,企业会更健康、更成熟,正所谓失败是成功之母。尤其像通用汽车这种公司,不救太可惜,救起来可能又有100年的辉煌。但是,是否救援的判断标准是什么?援救的方式是什么?救援的程度是什么?为什么AIG该救而雷曼兄弟不该救?克莱斯勒公司在30年前被救过一次，现在又出问题，是否还该救？在经济危机环境下和正常经济环境下的救援是否有差别？对于中国而言，我们现在回过头看，当时的德隆是否该救？以后万一具有340年历史的北京同仁堂出现危机是否该救？社会对这一系列问题恐怕要有政策与制度的安排。

由此联想到当年以日升昌为首的山西票号，它们在没有政府和社会监管的条件下生存和发展了百年，并摸索出一套金融企业的制度和管理办法，有些即使以现在的眼光看也不过时，在它的鼎盛时期一定也被想象成是可以永续经营、基业长青的，但百年之后还是遭遇了灭顶之灾。当时它们向政府求援，但政府爱莫能助。如果那时有条件把它们救下来或者国有化，中国金融企业的历史可以向前延伸到近200年？

面临破产的已经不仅仅是企业了，美国加州政府也面临着"破产"的危险。相当于世界第八大经济体的加州政府的财政赤字达到了243亿美元，正在靠卖监狱度日，而且美国50个州中有46个州都面临财政危机。

现在该救谁呢？谁救谁呢？通用汽车的破产能否警醒一大批其他的"百年老店"和中国的20年企业、30年企业？社会与政府能否改良制度与政策环境？

2009年7月

创新与民族自信心

不知什么时候起,"洋"成了好的代名词,"土"成了不好的代名词。洋人、洋货、洋枪洋炮、洋品牌、海归(另一种意义上的洋);反之,土人、土货、土枪土炮、土品牌、土鳖。月亮也是外国的亮。我的一位朋友说他与一位同事到了浦东,那位同事感叹说浦东真漂亮,跟到了外国一样。他笑问:"你又没有出过国,怎么知道外国就是这样?"还有一位民营企业家朋友对我说,他们公司请过一家洋咨询公司来咨询,那公司有一位并没有在国外受过教育的咨询员,满嘴的英文单词,还经常问:"这个词的意思用你们的语言是怎么说的?"我真想生活在那个时代:"洋"是不好的代名词,"土"是好的代名词,看到大气、时尚、美好的东西感叹说真土气啊,到了国外看到好地方感叹说这里真好,跟中国一样。其实在中华民族的历史长河里,至少有百分之九十的时间是这样的时代:外国人拥有中国的丝绸服装、中国的工艺品,那才叫做高贵,叫做"洋气";到中国来看看,那才叫做见了世面,开了"洋荤"。

中国人要创新，首先要有民族自信心，其次要没有洋框框。能够创新的人，要么是学习了洋东西然后能超越洋东西的大师，要么是根本没有学过洋东西的土人。前者是胡适、林语堂、辜鸿铭等，后者是毛泽东、彭德怀、邓小平（他到法国其实没学什么东西）等。我最近拜访了多位民营企业家，发现他们很有原创性的思想。比如，有位企业家参照君主立宪制的思路，设计了企业君主立宪制。老板只是理论上的所有者，只拿一部分利益，担任监事长，只拥有否决权，其他权力都交给别人，而且子子孙孙都如此。上周我到东莞住在一家刚刚落成的五星级酒店里，老板带我参观酒店的各种功能设施，所见所闻令我非常激动。酒店的大堂、会议室、餐厅、酒吧、客房、走廊到处充满了中国情调，充满了时尚美感、"土气"大方。到处细心地点缀着中国传统的祥云、元宝、灵芝和中字、亚字、囍字图纹；到处挂着各种各样造型的红灯笼、宫灯；灯上、壁上、地毯上到处流淌着挥洒自如的中国书法；不时看到淡雅的青砖墙、镂空的雕栏；水晶玻璃吊灯上还围绕着一圈中国诗词；厚重的中国式大门上挂着中国式的门锁；到处摆着中国古老的轿子、人力车、酒缸、石磨、案台；还大胆地用瓶装的五谷、五香、面条、各种颜色的油和荔枝树枝，摆成一面面墙做装饰；在地面和墙上大胆地用中国黄、红和黑搭配，大气庄严。酒店的外形有些巴黎凯旋门和枫丹白露建筑的影子，我又看出些中国鼎的味道。总之，我住过不少好酒店，最有中国特色的是苏州的吴宫喜来登酒店，它的外形是中国式的，里面有苏州园林，也摆了不少中国摆设，但并没有中国神。

更令我高兴的是，酒店的投资者说他们不用国际酒店管理集团的人管，他们有信心自己管。其实我内心坚信中国人的服务水平是全世界最高的。中国人好客、细心、耐心、好脾气、善于察言观色。最典型的人物是和珅。既然用户是皇帝，那么拿出和珅对乾隆爷的服务精神和本领出来，不是世界第一才怪。我们只缺标准化和流程管理，那并不难。当然现在我们的服务业水平比制造业差。记得看迪斯尼乐园的教育片时，员工受到的第一个教育是：我们卖什么？我们卖的是快乐。怎样才能让客户快乐呢？你自己先要快乐。你怎样才能快乐呢？你首先要相信迪斯尼的一切故事都是真的。因此，我们到迪斯尼时，乐园里充满了欢乐气氛。尽管米老鼠天天举行生日舞会和大游行，但跳舞的演员们天天都是热情洋溢的。而我们很多服务人员的微笑只是典型的职业性微笑。我在东莞看了CBA的决赛，比赛暂停时出来跳舞的"篮球宝贝"已经有好多表情充满了激情和真情，那就是中国服务业的希望。

任何企业都没有取之不尽的资金。没有研发自信心的企业拿出主要的钱做广告，而有研发自信心的企业则把钱用在研发上。潍柴如此，华为如此，最近当红的企业无锡尚德也是如此。我们和日本不一样，中华民族从来就是善于创新的民族。古代的辉煌就不说了，新中国成立之初，美国和苏联都封锁我们，我们不是照样原子弹、氢弹爆炸，卫星上天？改良性的技术往往在大公司手里，而革命性的技术往往产生于小公司。看看美国，惠普公司、微软公司、思科公司不都是这样成长起来的吗？以后一定也会有这样的公司产生于中国，中国的企业要多在革命性

管理的中国韵

的技术方面下工夫。我的一位中学同学研发了一种消除柴油汽车尾气的产品,属于世界领先水平,欧洲的订单接不完,他弟弟形容说大把的欧元从天上砸下来。最近我知道有几个公司在研发植物柴油,已经较成熟了,后面的关键是管理和大规模的资本运作要跟上。

让我们等待着中国创新时代的到来!

2006年5月

达沃斯与品牌

当我接到达沃斯世界经济论坛大连会议的邀请，主持一场品牌论坛时，我并没有特别的感觉。但到了大连之后，才切身感受到达沃斯的力量。首先是会议的规模之大，有1700人参会；其次是规格之高，有4位外国元首、众多跨国公司总裁、世界著名学者、世界级传媒人士、各国部长级人物到会，温家宝总理到会演讲并接受提问；再次是会议的戒备之森严，除了安全考虑，另一个原因是防止"蹭会"，因为参会费是每人5万元人民币；最后是会议内容的丰富程度和组织难度。作为一个NGO组织，主办方把会议办成如此规模，令人难以想象。我询问得知，世界经济论坛有270多位全职工作人员，来自52个国家，一个财年的收入是1.05亿瑞士法郎，其会员囊括了1000多家跨国公司，据称这些公司的资产占到全球企业资产的80%。最令我感慨的是，论坛发起人、瑞士的克劳德·斯瓦布教授于36年前发起这个论坛时（当时叫欧洲管理论坛）年仅33岁。这给了中国刚刚开始兴起的民间NGO组织极大的想象空间，也为中国教授参与国际社会事务提供了样板。

我所主持的品牌论坛是世界经济论坛的首次中文分论坛，选定了6个子话题进行了分组讨论和大组交流：中国市场的洋土品牌之争；企业品牌与民族品牌的关系；品牌国际化的跨文化问题；奥运商机与品牌建设；收购品牌与自有品牌建设；是否可能以及如何快速建立一个国际品牌。参与者包括中国移动总裁王建宙、凤凰卫视总裁刘长乐、SOHO总裁张欣、海信及大连亿达总裁等，一些能用中文进行流利发言的"老外"也参与其中，其精彩效果当不负达沃斯盛名。

会议要求大家对品牌下一个基本定义，6个小组的定义各不相同。可见，企业家心中对品牌的理解是不同的，很难说对错。如果问我什么是品牌，我会这样回答：品牌是企业和产品在用户心目中留下的、愿意为之支付溢价或重复购买的形象。首先，品牌不是商标，商标只是企业给自己起的名字和标记，只有当这个名字和标记在用户和社会心中留下了独特的印象，才能称之为品牌。其次，品牌具备独立价值，它可以不依附于技术和质量。正因如此，"依云"矿泉水比别的水贵十几倍，贴上"NIKE"标志的鞋就要比别的鞋贵五六倍。此外，品牌与产业特征和消费环境有关。例如，消费品的品牌比工业品的品牌更重要；信息不对称程度高的产品，其品牌比信息不对称低的产品更重要；文化含量高的产品，其品牌比文化含量低的产品更重要。就消费环境而言，消费者受教育程度高，品牌的重要性就会下降；社会规范性高、信用度高，品牌的重要性就会下降。有研究表明，中国、印度等发展中国家的消费者对品牌的重视程度比欧美发达国家高。在中国今天的社会环境中，企业赚一些钱容易，建立一个品牌却不容易。正如成为财主并不难，成为贵族就很难，有品牌的企业就是企业界的贵族。

中国的军事形象是靠抗美援朝战争树立的；中国的科技形象是靠火箭、卫星和载人航天飞船树立的；中国的政治形象是靠毛泽东、周恩来、邓小平等党和国家领导人树立的。而今天，中国的经济形象要靠中国企业的国际化来树立。尽管目前中国企业的国际形象不佳，但当年日本的企业形象也不佳，甚至当年"made in germany"也曾是低劣品的代名词。西方对中国产品的批评主要在三个方面：质量差、技术含量低、不负责任。从中国的民族性上分析，我们必定会向世界证明中国企业能够生产出高质量、高技术的产品，中国企业是负责任的企业。两三百年前，欧洲的贵族家里要是没有中国的瓷器和丝绸就是没有品位；中国历史上的发明创造和当今的科技成就证明，中华民族不是只会"copy"的民族；中华文化的历史渊源中流淌着"责任"的血液，从孟子的"达则兼善天下"，到杜甫的"安得广厦千万间"，范仲淹的"先天下之忧而忧"，顾炎武的"天下兴亡，匹夫有责"，这种沉甸甸的责任感不仅仅是民族责任感，而一定会随着全球化进程，演变为对全球的责任感。企业家是中国社会精英的一部分，是中国数千年历史中"士"的替身，是承担中华民族伟大复兴的使命并对全球责任鼎力相扛的重要角色。

达沃斯无疑是个世界品牌。大连作为中国的城市，也可谓有品牌了。客人对大连的第一印象是干净，引发的联想是"市民素质高"或"城市文明"。我有意问过几个出租车司机，是否因达沃斯会议增加了

管理的中国韵

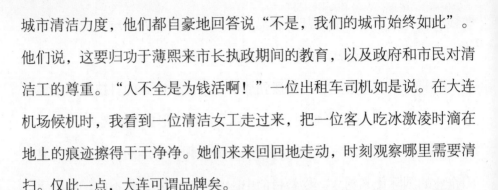

城市清洁力度,他们都自豪地回答说"不是,我们的城市始终如此"。他们说,这要归功于薄熙来市长执政期间的教育,以及政府和市民对清洁工的尊重。"人不全是为钱活啊!"一位出租车司机如是说。在大连机场候机时,我看到一位清洁女工走过来,把一位客人吃冰激凌时滴在地上的痕迹擦得干干净净。她们来来回回地走动,时刻观察哪里需要清扫。仅此一点,大连可谓品牌矣。

达沃斯世界经济论坛把夏季论坛安排在中国召开,这是一种远见。据说69岁的施瓦布教授正在憧憬着论坛的50周年纪念,那是2021年,他83岁。我相信到那时,中国品牌的质量形象、技术形象和社会责任形象在全球已经初步树立了。

2007年10月

CEO的价值

改革开放之初,"厂长"吃香,那时风靡一时的小说人物"乔厂长"就是厂长们的代表;后来随着改革的发展,厂长变成了经理、总经理、总裁、董事长、董事局主席。不知道从什么时候开始,C什么O开始吃香,拿出名片如果是C什么O,似乎就多了不少光环。哪怕只有2个人的公司,一个是CEO,另一个是COO。有人把企业的各种职务从CAO排到了CZO。笑话归笑话,的确有不少很大、很出名的公司的一把手把职务改成了CEO,例如海尔的张瑞敏从"张厂长"变成"张总",后来又变成了"张首席"。叫C什么O是与美国接轨,与美国接轨就是与国际接轨,你说是CEO,人家就明白你是干什么的了。这CEO还确实有一些特点,他不是总经理,但手握实际运营大权;他不是老板,但老板似乎得让他七分;他不是董事长,他似乎集总经理与董事长的权力于一身;他不投资,但拿着天价的年收入。这个职务典型地象征了管理者的显赫地位,其典型代表是通用电气的杰克·韦尔奇。他们的天价年收入是理所当然的,他们是整个社会的精英,他们是成功的象征。但是,在这一次经济危机中,他们却成了众矢之的。

在过去的社会主义与资本主义之争的时代里有一个重要的理论命题:到底是资本创造价值还是劳动创造价值?引申到现实问题就是资本家养活工人还是工人养活资本家。在这一次的经济危机中,似乎看不到资本所有者和劳动者的矛盾,矛盾集中到了管理者身上。这个命题上升到理论层面,就成为投资者、管理者、劳动者对价值创造的贡献孰重孰轻的问题,引申到现实就是企业收益在这几者中应该以何种比例进行分配的问题。

在20世纪初的美国,富人之所以能够成为富人,是因为他们拥有的资本能够带来收益,典型的高收入者是拥有工厂的产业所有者,而现在,高收入者则是高管人员和明星管理者们。根据美联储的研究,在20世纪70年代,102家美国大公司主管的平均收入以今天的美元价值折算相当于120万美元,只比30年代的CEO们高一点点,是普通工人的40倍,但21世纪初,CEO们的平均年薪超过了900万美元,是普通工人工资的367倍。其他高管的薪酬也大大增加,大公司中位于CEO之下的第二和第三位高管收入与普通工人的比例是169倍,而在20世纪70年代这个比例是31倍。举例而言,沃尔玛董事长李·斯科特(Lee Scott)2005年的年薪达2300万美元,1969年通用汽车公司董事长查尔斯·约翰逊(Charles Johnson)的年薪是79.5万美元,相当于今天的430万美元,他们年薪的可比值相差5倍,而沃尔玛普通员工工资只有当年通用普通工人工资可比值的一半。因此,今天沃尔玛CEO与员工之间的收入差距比当年通用CEO

与员工之间的收入差距扩大了10倍。问题还在于，当年这种差距曾经引发了社会的大量议论，而如今在危机爆发之前整个社会对此却似乎司空见惯。

2008年诺贝尔经济学奖得主克鲁格曼在金融危机之前就曾猛烈批评美国大公司管理者的贪婪。金融危机爆发之后，雷曼兄弟即将破产之前，其管理阶层还对可能的购并者开出了天价的金色降落伞费，AIG在获取美国政府的1700亿美元的援助性注资后却要发放1.6亿美元的高管酬金，尽管此举在法律上无可厚非，但在道义上引起了社会的强烈批评。从现在的时点回头看，金融界高管在前些年获取的高额酬金是建立在虚假盈利基础上的。值得注意的是，在这一轮的社会矛盾中，传统的资本所有者与劳动者的矛盾已经转化为管理者与投资者和普通职工的矛盾。也就是说，这一次经济危机中整个社会所批判的"greedy"已经不是大资本家的贪婪，而是代理人（企业高管）的贪婪，其实还有所有投资者（股民）的贪婪、所有消费者（在发达国家中几乎是全民）的贪婪。企业高管们收入越来越高还越来越贪婪，几乎所有的投资者都成了投机者。这个问题不得不引起社会的重视。

CEO们，或者说职业经理人们已经成为一个社会阶层，他们在企业发展和社会经济发展中起到了重要的作用。管理毫无疑问是重要的，在价值创造的过程中，资本、劳动、技术、管理共同发挥了作用，很难精确地计算哪个要素占了多大的比例，但事实上的分配结果是可知的。美国社会实验的情况告诉我们，当CEO们的收入达到普通工人的367倍时，这个差距显然是太大了。但谁能告诉我们多少是合适的？10倍，50倍，100倍？这里不仅有经济问题，还与社会文化有很大的关系，日本的CEO们和普通员工的收入差距就比美国小得多。在中国传统的均贫富理念之下，社会能够接受的管理者和普通员工的收入差距会更小，无论在什么性质的企业中。前一段国家有关部门出台了限制在国有金融行业中，高企高管的收入不得高于职工平均工资12倍的规定，但在人大会议上还是遭到了人大代表的批判，认为国有金融企业高管的收入标准还是太高，是在以美国为参照系。

在长期的资本主义发展过程之中，美国经历过了几次较为激烈的阶级矛盾和重大的经济危机，而我们在发展市场经济的过程中，还没有遇到过这样的情况，但我们必须善于从美国的社会实验中学习。在当今中国社会的问题显然不同于美国。中国第一代的资本所有者正在形成，资本所有者和管理者往往是一个人，也就是说CEO是真正的老板，尤其是经过30年的政策法律环境不清晰条件下的市场经济发展，产生了巨大的贫富悬殊。可以设想，在这样的状况下如果产生经济危机、引发社会矛盾的话，这个矛盾会更加剧烈。

我们要学习和借鉴的不仅仅是美国这一次经济危机的经验教训，还有上一次经济危机的经验教训。资本所有者的收益、管理者的收益、技术提供者的收益、劳动者的收益之间的关系在中国特色社会主义条件下的表现值得我们好好研究。但基本结论是，首先，有数据指出，在中国的总分配中，资本的分配达到55%，其余的占45%，而西方资本主义则是倒过来。那么这种比例显然是不对的。其次，中国的CEO们的收入比例一定不能高于西方资本主义国家。

2009年4月

艰难时刻的企业家精神

在中国改革开放30年的经济大潮中，有几次经济危机，2008年的这一次似乎是最严重的，而且突如其来，令人措手不及，不知道会改变多少企业家的命运。

由于长期致力于中国管理案例的研究，我与很多企业家有所交往，年轻时也有一些企业家朋友，友谊保持至今。作为一个旁观者、研究者，看着他们起落沉浮，心中十分感慨。我敬佩那些一直成功着的企业家，他们当然是时代的英雄；我也十分敬重那些几经失败后依然顽强奋斗的企业家，他们身上体现着一种不屈不挠的精神。套用法国女作家杜拉斯的名言："与你年轻时相比，我更爱你现在备受摧残的容颜。"

最近受邀为一位朋友讲课，他现在经营着一家不大但颇具特色的服务业企业。十几年前，这位朋友是当地叱咤风云的大企业家，拥有上市公司，资产规模几十个亿，在多个行业投资经营，在香港大手笔购买了中环标志性地王大楼的几层楼，成为当时香港的新闻。但1997年的亚洲金融危机使他的一切烟消云散，他说银行收楼的那一刻他差一点从几十层的楼上跳下来。后来他还经受了牢狱之灾。但今天的他，并没有备受摧残的容貌，没有怨天尤人的牢骚，依然红光满面，依然充满希望。回首过去，他说最大的教训就是要专心致志地做好一件事。多么简单，多么深刻啊。

这样的故事在我身边并不少见。似乎很多人并不相信基本规律和规则，不断的成功和克服困难使企业家充满了自信，慢慢地、不知不觉地以为自己是"战无不胜、攻无不克"的伟大统帅，可以超越规律、书写神话。但风云突变的重大危机往往使神话灰飞烟灭。这一次还会发生多少类似的故事？

能够从理论中学习的人是最聪明的，能够从别人的教训中学习的人是次聪明的，能够从自己的教训中学习也算不笨，但从自己的教训中学习的成本最大、风险最大。这就是理论学习和案例学习的价值，这就是在经济形势不好的时候工商管理教育市场反而向好的原因。

对于企业家而言，经济危机的发生与否是不可预测和控制的，能够控制的是在经济危机发生的时候如何安然无恙。"生于忧患，死于安乐；生于安乐，死于忧患"。今天，在这样的重大全球性经济危机面前，每一位企业家都应该认真想一想自己的企业可能会有几种死法、如何才能够在最坏的情况下不死，想一想我们办企业的目的到底是什么，我们的价值观到底是什么，我们的战略和核心竞争能力到底是什么，哀鸿遍野的时刻能够使人更清醒，无所适从的状态能够使人更有时间。能够长时间地持续关注本质问题是一个伟大统帅最根本的特点。

我对中国在全球性经济危机中的结果持乐观态度，但对于企业个体而言，我们宁愿把情况预计得更坏些。一个基业长青的企业总要经过几次重大危机，因此危机不过是对伟大企业的洗礼。愿危机使中国企业家们更理性、更成熟、更伟大。

2009年1月

企业家与企业家培养

几年前，我在一次MBA课堂上说，我真想开设一堂创业课程，学员必须是真正想创业的人，第一堂课就会要求每一个学员发誓，在毕业的三年内创业。但由于我手头的事情太多，这只是我的一个心愿和构想。但下课后不少学生说：我们真想创业，我们自发组一个班，您指导一下就行。我说，假如对我要求不高，可以试一试。于是学生们开始张罗，一开始有40多位学生报名。我说，参加者必须用两天时间到郊外参加一个魔鬼训练营，以接受考验，报名的人数就下降了一半。当大巴车准备拉人赴营地时，人数又下降了一半，只剩下10个人。这10个人的非正式组织一直坚持到今天，绝大多数人都创业当了老板。

由于我倡导学生们创业，不少学生毕业后开始寻找创业机会。已经有不少人成为企业家，其中一位学生把创业成功的公司卖给了一家美国公司，然后又开始了新的创业。他的第二个企业到今年是第四个年头，已经可以实现2000万元利润了。前两天与思科的朋友聊天，他们说在美国，有位老兄已经两出三进思科了，因为他相继三次创业的公司都卖给

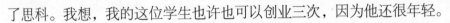

了思科。我想,我的这位学生也许也可以创业三次,因为他还很年轻。

当然,并不是每一个创业者都这样幸运。我的一位学生入学前是国务院某部委的处长,2000年毕业后创业至今8年,企业规模仍然不大,但很稳健,也有其独特的价值。还有一位学生的毕业论文是一个医疗仪器的商业计划分析,被评为优秀论文。他受到了鼓舞,按照这个思路开始创业,但结果并不像论文分析的那样好。

我鼓励学生们创业,是从宏观因素来看的。中国从计划经济向市场经济转变,从封闭社会向开放社会转变,从共同贫穷向差别富裕转变,这期间存在大量的需求和机会。无数事实和数据证明,这是中国历史和世界历史上千载难逢的时期。有人通俗地比喻说:"台风来了,猪都可以在天上飞。"既然猪都可以飞,MBA飞一飞又何妨呢?哪怕是创业失败,也是一次难得的人生经历。

但从微观角度看,并非每个人都适合创业,而且创业失败对具体的每一个人而言都是非常沉重、代价昂贵、甚至是捶胸顿足、撕心裂肺的。一个人不能仅仅因为宏观条件好就下海创业,而应该在主观上有强烈的创业欲望,客观上在可创业或可不创业中选择创业。

企业家是否可以培养出来?这个话题一直没有定论,而且答案更多是倾向于否定的。奇怪的是,军官是可以培养出来的,这一直是定论。拿破仑是1784年巴黎军事学校的军校生;自1802年西点军校创办以来,美国名将们几乎都是军校毕业,而且几乎都是西点军校毕业的。据说美国陆军上校以上的军官80%是西点的毕业生。美国内战的两军总司令格兰特和罗伯特·李都是西点毕业生；第一次世界大战英雄潘兴是西点毕业生；第二次世界大战英雄艾森豪威尔、麦克阿瑟、布莱德雷、巴顿、阿诺德、克拉克、李奇微全是西点人。注意一下军校的培养方式和商学院的培养方式，很容易看出两个明显的不同：一是军校从高中毕业生中招生，商学院则从已经有一定实践经验的商业人士中招生；二是军校对人的道德和素质在入学时就有很高的要求，在培养方案中非常重视道德规范、领导能力、合作能力、纪律、意志力、交流技巧等品质、品格方面的培养和训练，而商学院则没有。商学院是否假设学员们已经具备了这些品质？或是不够重视这些东西？

按照现在的MBA招生方式和培养方式，培养出企业家和创业者的概率不会比非MBA大；读完MBA后，知识多了，规范性高了，不犯错误的可能性增加了，但敢于承担风险的能力、创新能力、整合资源的能力反而可能下降了。

我坚信，既然军官是可以培养的，企业家一定也可以培养。何况，西点军校还可以拉出长长的一串企业家校友名录、政界校友名录。培养军队领导的军校和培养企业家的商学院的共性首先是培养合格的领导者。在西点军校的课表中，我们可以看到很多自然科学、工程学、社会科学的课程；在培养企业家的商学院课程中，也应该加入军事科学。然而，商学院最应该向军校学习的是他们对学生们领导力的培养。

领导力的培养主要不是学习知识。来看看领导力的要素——西点军校的领导力五要素是：正直、能力、自信、同情心、敬畏；美国陆军的

管理的中国韵

领导力七要素是：忠诚、责任、尊敬他人、无私、荣誉、正直、勇气；孙子兵法中的为将之道是：智、信、仁、勇、严；美国通用电气公司的杰克·韦尔奇选拔干部的五要素是：精力、激励力、决断力、执行力、激情表现力。可以看到，古今中外对领导力的各种要素定义中，与知识相关的要素很少，即能够从书本中学习的领导力要素很少，这对商学院如何培养企业领导人提出了很大的挑战，而军校在这方面远远高于商学院。在汶川大地震中，固然社会对企业家们的要求高了一些，但一个没有爱心、没有同情心的、不"仁"的企业家绝对不可能成为一个好的企业家，他所领导的企业一定不会成为好的企业。我曾读过一篇报道，说某个知名企业家对公司里没有捐款的员工说："我不能够强迫你们捐款，但本公司不需要你们这样的冷血动物。"我不能够理性地分析员工没有捐款的种种理由，但这位企业家至少是有"仁"、有"勇"、有"严"的。

中国需要大量的企业家，中国是否可以从优秀的高中毕业生中招收具有未来企业家素质的人才？是否可以参照军校培养人才的模式来设计一套培养未来的商界领导人的模式？是否有人愿意来进行这样一种创新试验？美国的BABSON商学院有一点这样的味道，但还不是这样的学院。现在的中国应该是一个创新辈出的时代，也许中国能够走出一条企业家培养的独特途径。

2008年8月

每个人的"钱学森之问"

接到为成思危先生写钱学森先生(以下简称钱老)的文章作评论这项任务,真可谓诚惶诚恐。成思危先生是我的前辈,而钱老是他的前辈,等于我要评论前辈对前辈的评论。但我还是"斗胆"写了,因为,这篇文章对我触动很大。

我要谈三点感触:首先,我们不缺科学家的技能而缺思想家的品质;其次,我们不缺分学科的研究而缺大系统的研究;最后,我们不缺国外知识的学习而缺自主知识的提炼。

成思危先生认为,钱老既是科学家又是思想家,从本质上说是一位思想家,他具有思想家的高贵品质。我非常认同。这个观点,在某种程度上回答了"钱学森之问"。所谓思想家品质,首先是思想家的人格品质,其次是思想家的学术品质。没有思想家的人格品质,科学家就没有高度、没有强大的精神力量;没有思想家的学术品质,科学家就没有把握宏大课题的气度与能力。

成思危先生在论述钱老推动自然科学与社会科学结合的贡献时,对科学的分化和融合进行了很好的论述。我也举管理科学为例:今天几乎

管理的中国韵

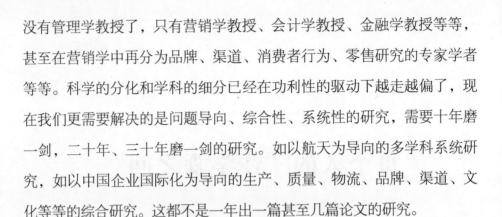

没有管理学教授了,只有营销学教授、会计学教授、金融学教授等等,甚至在营销学中再分为品牌、渠道、消费者行为、零售研究的专家学者等等。科学的分化和学科的细分已经在功利性的驱动下越走越偏了,现在我们更需要解决的是问题导向、综合性、系统性的研究,需要十年磨一剑,二十年、三十年磨一剑的研究。如以航天为导向的多学科系统研究,如以中国企业国际化为导向的生产、质量、物流、品牌、渠道、文化等等的综合研究。这都不是一年出一篇甚至几篇论文的研究。

成思危先生在论述钱学森对坚持按照国情发展管理科学的贡献时,引出了钱学森对盲目崇洋媚外的批评,引出了"两弹一星"的实例,引发了"建立有中国特色的管理科学体系是我们这一代管理科学家义不容辞的责任"的评述。中国革命的成功,是具有中国特色的;抗美援朝战争的胜利,是具有中国特色的;中国的"两弹一星",是具有中国特色的;30年的经济改革,是具有中国特色的;那么,中国的管理科学一定能够具有中国特色,这是我最简单的推理。成先生说"我也愿意为此贡献自己一份绵薄的力量";我也愿意在钱学森精神旗帜下加入成先生等有识之士的行列。

"钱学森之问"在中华大地上引起了巨大反响,面对这样一位伟大的思想家与科学家,我们每一个科学工作者除了要反思国家和社会的教育制度和教育方法之外,还该问一问自己,我们能向钱学森学习什么?这是我们每一个人的"钱学森之问"。

2009年12月

容君日后慢思量

2009年11月22日,第二届中国经济理论创新奖颁奖典礼在中国人民大学隆重举行。这个奖由董辅礽经济科学发展基金会、中国社会科学院研究生院、北京大学经济研究所、中国人民大学经济研究所、武汉大学经济研究所、上海交通大学大安泰经济与管理学院联合主办,旨在推动中国经济学理论创新。本次厉以宁先生的获奖是158位中国知名经济学家投票选举的结果,可谓众望所归。

正巧,这一天还是厉以宁先生的79岁生日。主持人曾子墨小姐不愧是名主持,在会前做足了功课,上来就说:"79年前的今天,有一个小男孩在南京诞生,因为是以字辈,所以起名为厉以宁。当时谁也不可能想到,他是未来中国经济学界的泰斗"。后来,厉以宁先生的学生、中共中央书记处书记、组织部部长李源潮代表中央,也代表厉以宁先生的学生向他祝贺,并发表了热情洋溢的讲话。是啊,中国国有企业股份制改造是厉以宁先生送给中国经济改革的大礼,而这一次的获奖,则是中国经济学界送给厉以宁先生79岁生日的大礼。会场上经久不息的掌声,

管理的中国韵

代表了经济管理学界和整个中国社会对厉以宁先生的敬意。

中国是世界的重要组成部分，在某种程度上，解决好中国问题即是解决好了世界问题。今天的中国，正是朝野无数有识之士排除万难、励精图治的结果，厉以宁就是他们之中的杰出代表。厉以宁先生经常说，一代人有一代人的历史使命，我们这一代人的使命是研究转型时期的中国经济。这个主题是厉以宁先生等中国知识分子用心甚至用生命去思考、去研究、去呼吁、去推动的。这一点，外国知识分子不一定能够理解，下一代中国知识分子也不一定能理解。

厉以宁先生走过了跌宕起伏的岁月，在20年中坐冷板凳时"只计耕耘不问收"，"几回搁笔难成曲，纵使曲成只自知"，在创新中"明朝不随秦汉律"，下乡时"若是乡民皆菜色，诗人能不带愁眠"，咏梅花"谁敢雪中试淡妆"，看潭水知"从来意静周边静"，看池水悟"稍混似比纯清好"，看河流感"缓流总比急流宽"，在学问上"此身甘愿做人梯"……他的诗词和经济学交织着人生。他思考、他写作、他行动，从79年前的"那个小男孩"成为了今天的大师。众所周知，厉以宁先生人称"厉股份"，因为他倡导股份制改革，后来主持了《中华人民共和国证券法》和《中华人民共和国证券投资基金法》的起草。还有人称呼他为"厉民营"，因为国务院为促进民营经济发展发布的"非公经济36条"（《关于鼓励支持和引导个体私营等非公有制经济发展的若干意见》）是在厉以宁写给中央建议的基础上制定的。还有少数人称呼他"厉扶贫"，因为他致力于中国贫困地区发展问题的研究，并从理论到实践地为贫困地区发展和城乡社会和谐尽心尽力。可以说，他是贴着中国经济和社会发展的脉搏，以知识分子的良心和智慧前瞻性地研究中国社会的问题并提出切实可行的解决方案，身体力行地经邦济世、造福于民。

厉以宁先生是丰富的，我们对他的解读可谓盲人摸象、可谓横看成岭侧成峰。他的经济学成就、教育成就、议政参政成就、诗词散文成就、社会贡献成就等等，都是后辈学子们望尘莫及的，但是他的精神、他的人格，则是后辈学生们必须继承的。当今的中国，仍然有很多特殊的问题有待于破解，这不是诺贝尔奖所关注的、不是外人所能体会的、不是国际学术期刊愿意刊登的，但这是中华民族几千年来"士"的精神所载的不能承受之重。

"含蓄人间美，自然意味长，吟诗作画亦相当，妙在容君日后慢思量。"这是厉以宁先生咏漓江一词的后半阕，我们对他的贡献亦当慢慢地回味与思量。

2010年1月

老师与我的人生轨迹

2010年11月,厉以宁老师迎来了他的八十华诞。本文是厉老师101位弟子为纪念老师生日而出版的书籍《我们的老师厉以宁》中的文章之一。弟子们相约以记述日常生活的方式写文章纪念老师的八十华诞。我觉得这些文章虽写平凡细微但不掩真情,虽叙师生之谊但不失公共情怀。不管任多高的官、不管发多大的财、不管有多深的学问,在老师面前大家只有一个身份:弟子。我谨以此文,表达我对厉以宁先生的敬意。

有的老师教授学生知识,有的老师赋予学生能力,有的老师提升学生境界,有的老师改变学生的人生轨迹。厉以宁老师于我而言,是以上的一切。

我跟随厉以宁老师做了两年博士后;在老师任北京大学光华管理学院院长期间当了五年院长助理;跟老师和师母到江苏、新疆、安徽、江西和上海做过多次长时间考察;在老师担任主编的《北大商业评论》任执行主编;老师卸任北京大学光华管理学院院长后组建了北京大学贫困地区发展研究院,我当副院长帮助老师做一些贫困地区的研究和公益事业;平时可以经常向老师讨教,偶尔到老师家里蹭蹭饭吃。我深深地以

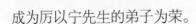

成为厉以宁先生的弟子为荣。

比较其他学生与老师的关系，我觉得老师早年的一些学生似乎比我跟老师更亲近。我跟老师的时候，他已经如日中天，尽管他对我和蔼亲切，但我还是有些诚惶诚恐。我更羡慕老师早年的弟子，对他更加随意一些，而老师有时"骂"起他们来也更把他们当"小孩"一些。但是没有办法，因为我跟老师当学生时已经40岁了。

那是1996年，当时我并没有想走学术道路。我写完了博士论文，以为这会是我一生中唯一的大块文章，想请老师为我写写评语。尽管当时与老师只有一面之交，我还是斗胆敲开了老师的家门，那时老师还住在中关园60多平方米的屋子里。老师听我说明来意，犹豫地指着胸前的两会代表证说，我正在开两会，估计没有时间。我解释我并不着急要，我不是为了博士论文的通过，而是为了得到老师的评语做个纪念，于是老师收下了我的论文。没想到过了三四天老师打来电话，说来拿吧，评语写好了。我喜出望外，赶快跑去拿评语。更令我惊喜的是，老师说，志毅，你愿意来做我的博士后吗？

我博士毕业后有很多好机会，但能够成为厉以宁先生的博士后对我的诱惑力太大，我不假思索就答应了。更没有想到的是，当年报名要当老师博士后的有30多人，最后经过严格筛选和考试录取了二人，我是其中一人，这个机会更令我珍惜。

跟老师做博士后的第一个春节，老师问我是否愿意与他们一家人一起在深圳过春节，我当然十分愿意。于是，我们一家人和老师、师母，厉放、厉伟，以及老师从台湾来的两位亲戚一起，在深圳吃了一顿十分温馨的年夜饭。从此我也与厉伟结下了兄弟之情。每年春节我都想起这段往事，但不敢奢望还有这样的机会。

今天，我自信自己是中国最优秀的MBA和EMBA教授之一，学生的课程评估经常近乎满分。但1997年我做博士后时还没有讲课的经历。有一天，老师突然问我，志毅，你能讲课吗？我说能啊，他问你能讲什么课？我说出了我认为能讲的课程名字。他说你告诉国有（张国有教授，时任北京大学光华管理学院副院长，后任北京大学副校长），让他给你排课，老师写了一张字条让我交给张国有教授。后来，张国有教授给我排了97级硕士研究生的战略管理课程，那个班的许多学生至今都与我来往密切。

得知排好课后，老师多次叮咛我，千万要注意备好课，第一次讲课的口碑极其重要，第一次讲砸了，以后要花好多努力才能补回来。他还举了一些别人的例子吓唬我。我开课以后，有一次老师见到我笑眯眯地说，我听说了，你的课讲得不错！后来我又开了第二门课，也得到了学生们的好评，当我得意洋洋地向老师报告时，他只是淡淡地说了一句，我知道了，往往第一门课讲得好，第二门课就讲得好。

做博士后的两年充实而愉快地度过了，我承担了一个教师正常的课时量和两个课题，一个是老师指导的教育经济的课题，一个是老师和曹凤岐教授一起承接的教育部"九五"重大课题"中国企业管理案例库组建工程"，我顺利地通过了出站报告。

决定我后半辈子人生轨迹的一天到来了。那一天晚饭前，老师约我到他家里去。到了家里后，老师说，今天是师母的退休日，师母单位的同事们要为她举办退休晚宴，你和我一起陪她去。我们两人在边上自己吃饭说说话。那天晚饭的主题是老师动员我留校任教，我当时原没有留校任教的打算，但是老师语重心长的一席话和他对北京大学的一往情深极大地触动了我，我答应了老师。十多年后的事实证明了老师的正确，他当时主要说了两个观点，一是我留在学校的价值比我去做企业更大，二是北京大学在中国地位独特，作为北大的老师意义不一般。

从企业管理者向学者的转变不是一件容易的事，更重要的不是行为的转变，而是价值观和心态的转变。我在北大栉风沐雨十三年，随着时间的推移，我越来越认识到老师所言之深刻，我也潜移默化地变成了骨子里的北大人。今天，我庆幸自己当时遵从了老师的教导，做了一个正确的决定。尽管我在学术的道路上走得并不轻松，因为我进入教师行列比别人晚了十多年，后来学界又刮起了海归风，但我从来没有后悔过。何况，老师和师母在我遇到任何困难的时候，总会给我温馨的鼓励、坚定的支持和智慧的指点。

时间过得飞快，2000年老师七十岁生日的活动，我是主要筹办者之一。那时我们出版了《厉以宁诗词解读》，十位师兄弟分别就老师诗词的十个方面写了体会和评论。陆昊和我合作写了厉以宁诗词中的人生哲理一章，我还单独写了厉以宁的夫妻情深一章。为此我特地采访了师母，从师母的叙述中多少知晓了老师早年的生活和感情经历，深受感动，进而更加体会了老师给师母的一首首诗词的背景和意境。那时我深切地感受到我们这些弟子们可以从老师那里得到科学之真、人性之善和艺术之美，这三种东西的交织是一种极大的享受。

当时在没有请示老师的情况下，我找中央音乐学院的教授朋友把老师的诗词进行了交响配乐谱曲，并联系好了乐团，下发了谱子，准备用专业演员朗诵、交响乐团伴奏，以烘托老师诗词的艺术效果。后来老师知道了没有同意，坚持以简朴的方式由光华的学生们业余排演。师命难违，我只好让准备排练的交响乐团停止活动，把谱好的曲子束之高阁，我不知道老师以后还给不给我们这样的机会。记得那时老师说，七十岁生日时办诗词研讨会，七十五岁生日时办从教五十周年纪念，八十岁生日时办经济思想研讨会。一转眼，老师八十岁生日纪念即将到来了，我们希望老师再规划一下八十五岁、九十岁、一百岁的生日活动如何搞，让弟子们有所期盼。

前一段我特地到老师家里要了一幅师母画的梅花图，请老师题了字，挂在办公室里，不时感受并提醒自己学习老师、师母的铮铮风骨和"谁敢雪中试淡妆"的从容淡定，学习老师中国知识分子诗情画意般的儒雅精神。在学术上，我们要学习和继承的是老师忧国忧民的赤子之心、高屋建瓴的宏大视野和理论联系实际的优良作风。我才当了十多年教师，和老师相比我的轨迹还很短，老师高高地、遥遥地在我们的前面作为明灯，我相信我会在老师为我指引的轨道上做出无愧于老师的成就，因此而无愧于其弟子的称号。

2010年12月

辑三·论企业与社会

中国在30年的时间里取得西方200年经济发展成就的同时是否也积累了他们200中所遇到的问题？这些问题是什么？产生的主要原因是什么？应当如何解决？中国是否可能有比西方更好的解决办法？

企业在市场经济制度中占据了什么地位？形成了什么样的实力？应该负什么样的社会责任？中文里为什么把经商叫做"做生意"？其意味何在？它与"在商言商"的理念有什么不同？

市场经济是否有底线？其底线是什么？什么是三次分配？三次分配的合理比例是什么？在中国独特的历史环境中，企业和企业家如何与社会和谐相处？如何理解和适应并且满足社会不断增长的非物质诉求？社会是否可以通过市场，用人民币作为选票，选出好企业、淘汰坏企业？

企业社会责任（CSR）仍然是西方创造的理念，我们应该向西方企业尤其是跨国公司学习什么？我们应该在自己的历史和文化理念中吸取和继承什么？中国企业社会责任的先行者们应该如何行动？应该如何向世界展示我们的形象？

美国的金融危机给我们带来什么样的启示？在制度设计和价值导向上有哪些教训？在企业与社会的关系界定上是否需要重新思考？对金融与实业、实体经济与虚拟经济、国际化与本土化等关系是否需要重新思考？

三十年与二百年

中国三十年改革开放的成就举世瞩目,中国改革开放三十年所积累的问题也不少。这些成就是西方市场经济二百年的成就,这些问题也是西方二百年发展中所遇到的问题。

西方在二百年历史的不同时期中重点消化和解决了不同的问题,而中国则必须在三十年内集中地解决这些问题,这些问题集中在一起可能会产生协同放大效应。而且,中国推动市场经济建设的体制和制度尚未完善,同时要限制市场的负面作用,可能会导致对市场经济发展的不利。因此,中国需要解决各种问题,难度较大。

市场经济给社会带来的问题主要体现在六个方面:商业诚信,劳工状况,贫富悬殊,环境破坏,资源浪费,其他利益相关者问题。目前在这六个方面的问题都很突出,但这并不是中国独有的问题,而是市场经济的通病。

商业诚信可以分为商品诚信和交易诚信。在商品诚信方面,2008年中国的三聚氰胺事件骇人听闻,但我们看到,美国历史上也发生过同

管理的中国韵

样的事件。1858年，美国纽约发生了毒牛奶事件，毒死了8000个儿童；1974年，欧洲某著名跨国公司宣传自己生产的牛奶比母乳喂养更有利于儿童健康，引发了一场十余年的较量；2000年，日本也发生过雪印毒牛奶事件，导致上万人中毒。在交易诚信方面，美国1863年颁布了《欺诈赔偿法》，说明当时的商业欺诈已经十分严重，今天，美国的金融欺诈问题依然层出不穷。

劳工问题在19世纪初期就十分严重，例如，恩格斯于1845年出版的《英国工人阶级生存状况调查》中描述了当时典型工人的悲惨状况。1833年，英国通过了首部《工厂法》，其中规定不得雇用9岁以下童工，9—13岁童工每天工作不得超过9小时，14—18岁少年每天工作不得超过12小时，亦可见当时的童工生存状态。

在贫富悬殊方面，1889年，以卡耐基为首的富人已经开始意识到，富人应该为改善这种状况做出自己的努力，拥有巨富而死的人是耻辱的，最好在自己的后半生用财富回馈社会。他写了一篇《财富的福音》说明了他的观点，并且身体力行地实践。

在环境方面，早在19世纪初，英国的空气污染就十分严重。1837年，伦敦发生了首次毒雾，导致200人死亡；1952年，伦敦的一次严重毒雾导致12 000人死亡；泰晤士河1878年发生过一次爱丽丝号游轮失事，导致的400多人死亡的原因不是因为溺水而是污水中毒。直到1956年英国通过《空气洁净法》，这类问题才基本解决。

资源消耗和浪费的状况也主要是由工业革命带来的，地球30亿年形成的资源几乎要被200多年的工业革命消耗殆尽。甚至有勘探结果表明，石油资源只能再开采42年，天然气60年，煤炭资源122年，等等。

其他方面还有企业与其所在社区、中小投资者、上下游相关者之间的利益冲突等。例如进入管理资本主义时代后，就出现了高收入的高管与普通工作人员的矛盾。

我举这些例子，并不是要为今天中国企业的不良行为进行辩解，而是想说明市场经济既有进步的一面，也有其不可避免的负面效应，任何国家都很难完全避免这些负面效应。而今天的中国也正在面临这些西方国家历史上碰到过的各种问题。如果说前三十年我们主要是解决发展经济的问题，那么，后三十年必须解决经济发展与社会和谐的问题，所有中国的有识之士都必须为此贡献自己的智慧和力量。企业家和企业领导者更是如此。

可以说，前三十年中国制定的国策是"以经济建设为中心"，就是在某种程度上不惜牺牲其他利益集中促进经济的发展，国家和社会向企业输送了人口红利、土地红利、税收红利、环境红利、外汇红利等等，实质上是把本来应该由企业承担的成本转嫁给了社会，使得企业能够在较低成本的情况下高速成长，资本得以迅速积累，许许多多的人能够在把部分成本转嫁给社会的大环境下迅速致富，而执政党和政府以超强的控制和治理能力驾驭这个社会，使之不发生动乱，控制和解决着企业内部成本外部化的各种问题。胡锦涛总书记2004年提出的和谐社会建设的理念，标志着这些问题的积累已经由量变引起了质变，到了2010年，这些问题更加突出和严重了。

在持续的市场经济环境下,企业得以持续地成长;在国际化的全球环境下,资本可以在各个国家之间流动,使得企业可以成为社会上数量最多、吸纳就业人数最多、掌握资源最多、社会影响最大的组织,甚至突破政治的制约。这种组织与社会密切相关,其实力甚至超越国家和地方政府组织。例如,2008年,沃尔玛的销售收入相当于阿根廷的GDP,排在国家的30位;中石化的销售收入相当于四川省的GDP,排在各省的第9位;中石油的利润相当于黑龙江省的财政收入,排在各省的第16位;民营企业沙钢的销售收入与地级市的GDP相比可以排在第37位,与山东济宁市相当,其利润大约相当于青海省财政收入的一半、西藏的三倍。

经济学家伯利和米恩斯在1932年曾说:"现代公司的出现导致了经济权力的集中,这种经济权力可以与现代国家的权力相提并论……在未来,也许能看到,现今以公司为代表的经济组织,不仅仅可以与国家平起平坐,甚至可能会取代国家,成为最重要的社会组织形式。"今天,这种情况越来越明显,企业在和谐社会中扮演的角色越来越重。

中国需要自省,但不需要自卑。中国的惭愧在于,没有跨越历史而是依然走了西方的老路;中国的挑战在于,如何解决这些交织在一起的问题;中国的创新在于,如何真正走出一条可供世界借鉴的特色道路。

2010年8月

"在商言商"与"做生意"

人类设计了市场经济制度，使得社会可以通过商业实现主观为自己谋利、客观为别人服务的利益机制，从而促进社会资源的有效配置和社会的总体进步。但在利益驱动的制度下，容易产生商业过度的现象，即商人为了商业利益而损害他人利益和社会利益。固然社会可以制定一些约束性的规章制度，但如果没有主观道德约束，任何制度设计都难以防止这种现象。在市场经济发展的历史上，企业与社会之间"道高一尺，魔高一丈"式的制约与反制约不断证明着这一点。

西方商界有一句名言："Business is business"，即"在商言商"。但中国对经商的另外一种说法叫"做生意"，把商人称为生意人。中文的"生意"不仅仅是商业活动，它含有"生存的意义、生活的意义"的意思，甚至可以提升为"生命的意义"。用英文说，"Business is not business, it is the meaning of life"。用这种意思来理解商业，就把握住了商业的本质。

第一次听到有人把"生意"解释成"生命的意义"，是几年前在一次企业社会责任的研讨会上。有位韩国人解释企业家为什么要负社会责任，他说中文的"生意"这两个字不仅仅是经商，还是生命的意义。我觉得这种说法颇有新意，可能是我们对生意二字约定俗成、司空见惯，而对中文半懂不懂的韩国人把它拆开来理解，却另有一番味道。后来我不禁认真去查了《辞源》，想看看什么时候生意成了商业的意思了。据考，《晋书》里开始有生意二字，"老树婆娑，无复生意"，是指生机和生命力。后来《世说新语》（公元400年左右的南朝宋时期）里第一次把买卖称之为"生意"，是从"用鸟的羽毛做扇子引发人兴趣而导致的买卖"引申出来的。再后来《京本通俗小说》（约为宋朝）第一次把经商称为"做生意"。从字面上看，汉语并没有把生意解释得那么深刻，它是否真如此有内涵还有待于进一步考查，但它的确暗合了今天我们对商业的期许。

世界上"在商言商"的典型商人是索罗斯，他以合法的技巧在商业上巧取豪夺，甚至不惜摧毁一个国家的经济，但另一方面他用获得的利润进行慈善捐赠。"生意"的典型例子是孟加拉国的尤努斯，他经商的目的不是为了利润，而是为了给贫困阶层提供金融服务，通过商业解决社会问题。"在商言商"的典型企业形态是股份制企业，股东们对企业的投资就是为了赚钱，而且短期行为严重。"生意"的典型企业形态是国有企业，办企业不是或者不仅仅是为了赚钱。西方近年来兴起的"社会型企业"就是有别于"在商言商"的企业，其宗旨不是为了利益，而是为了通过商业解决某类社会问题。由此我想，为什么我们一直说中国历史上轻商但事实上商业又很发达，其实中国历史上的"义利之辩"应该是在第一次农业文明带来的商业发达前提下，对商业与社会关系的思考和以义对利的节制。今天，西方的企业社会责任潮流，也是在第二次工业文明带来的商业发达前提下，对商业与社会关系的思考和以社会利益对商业利益的节制。

中国社会在进行了30年的传统社会主义试验后发现，只有市场经济制度才能极大地促进物质财富的增长和商业进步，邓小平果断地引进了市场经济体制，他说资本主义也有计划，社会主义也有市场。真是"三十年河东三十年河西"，仅仅30年，中国的物质财富得到了极大的增长，商业得以长足进步。但此时商业带来的社会问题、商人的社会角色和形象、物质文明和精神文明的关系问题，已经上升成为社会的主要问题之一。如何把握好企业与社会的关系，如何界定商人的价值和社会作用，如何在物质文明的基础上建设精神文明，如何在传承中国传统价值观和执政党社会主义理念的基础上，在制度设计和道德层面解决商业逐利导致的价值观问题和社会问题，是今天中国管理需要面对的重大课题，而不仅仅是如何"在商言商"地去竞争和获利了。

明代唐寅在《渔樵问答歌》中有两句意味深长的诗："生意宜从稳处求，莫入高山与深水。"我也愿中国生意人之此生意和彼生意都生意盎然！

2010年3月

两条底线和三次分配

厉以宁教授最近在"首届中国贫困地区可持续发展战略论坛"上提出,有事业成就感和社会责任感的企业领导人才堪称企业家。深圳市委书记李鸿忠在"深圳市企业家工作恳谈会"上也说,有钱的老板只能称为财主,有钱又有社会责任感的老板才能称为企业家。学者与父母官所见略同。

市场经济自然有其道理,至少目前人类精英还没有想出比市场经济更适合的经济制度,否则全世界不会都殊途同归、大同小异地采用了这种制度。在市场经济的市场运行过程中有两条底线和三次分配:两条底线是法律底线和道德底线,三次分配是靠市场进行的第一次分配、靠政府进行的第二次分配、靠道德进行的第三次分配。根据马克斯·韦伯的研究,市场经济是从新教教徒聚集的地区发源的,西方学者最近的研究也表明,目前世界上最发达的地区还是以新教为主的地区。可以说,在以利益导向和利益驱动的市场经济中,如果没有两条底线和三次分配,社会必然混乱不堪。

在较为成熟的市场经济社会中，两条底线和三次分配起了良好的调节作用。完全靠市场分配的是资本主义，完全靠政府分配的是社会主义，完全靠道德分配的是共产主义。事实已经证明三条纯粹的道路都行不通，因此大家都修正成了"三和"主义，只是基础不同，三次不同分配的比重不同。如果以十分制来衡量这三次分配的比重，过去的中国是0∶10∶0；现在大约是5∶5∶0。我认为理想的比重应该是7∶2∶1。即70%靠市场分配，20%靠政府分配，10%靠道德分配。道德分配的主要力量是个人、企业家和非政府组织，他们依照自己的道德观念将到手的财富进行再分配。为什么说是10%？主要是参照基督教文化中倡导个人收入的10%捐给教会或者用于做善事。可以试想一下，如果能者都捐献十分之一的收入为社会做好事，在不同的领域里有不同的非政府组织为社会服务，还有很多有社会责任心的义工作贡献，这个社会的和谐程度会改善多少？现在民间储蓄存款已达14万亿，十分之一就是1.4万亿。一个巨富的存款减少十分之一对他个人并没有什么影响，可这笔钱用在社会弱势群体身上就可能起决定性的作用，有人可能战胜疾病而赢得了生命，有人可能得到教育而改变了命运。

整个社会道德水平的提高要靠所有人的共同努力，胡锦涛总书记提出的"八荣八耻"应该作为整个社会的基本道德底线。每个单位还可以根据自己的情况提出比社会基本标准更高一些的道德标准，比如我在单位里提倡"五荣五耻"：以仁义礼智信为荣，以不仁不义不礼不智不信为耻。在企业里，这就叫做企业价值观。例如远大空调的总裁张跃就根据实际情况提出"七不一没有"原则并大力宣传:"不污染环境、不剽窃技术、不蒙骗客户、不恶性竞争、不搞三角债、不行贿、不偷税漏税,没有昧良心行为。"在市场经济环境下,企业是最基本和数量最多、吸收雇员最多的组织,如果每个企业都建立了良好的道德环境,这个社会的道德环境就会大大改善。由此可知有社会责任感的企业家多么重要。西方有人把企业文化直接称为企业宗教,中国企业界的教父之一张瑞敏也说自己最主要的角色是牧师,最重要的工作是传道。所有宗教都教人要善良、要修心、要有所敬畏,在以利益为导向的市场经济环境中,如果人不善良、没良心、还无所畏惧,这个社会将会多么可怕。

2006年4月25日,招商银行、TCL、万科、诺基亚、惠普、思科、IBM、平安保险、伊利、均瑶等一些中国最优秀的企业代表在中国最富裕的城市之一深圳召开了筹备会,准备发起成立中国企业社会责任同盟,得到了深圳市委和市政府的高度赞赏以及深圳企业家们的热烈响应。柳传志先生在北京大学举行的第五届"中国最受尊敬企业"颁奖典礼上说,过去他关心天气是为了自己的一亩三分地,但现在必须为了全中国的土地来关心天气。企业的社会责任体现在两个方面,一是在企业的经营过程中,如注意环保、节约资源、善待员工、不行贿、不偷税等等;二是在与经营无关的领域里为社会尽一些义务、做一些好事。第一个方面体现了市场经济中的法律底线和道德底线,第二个方面体现了依靠道德进行的社会第三次分配。中国从计划经济向市场经济过渡的法律体系还很不完善,更需要靠道德调节。而中国这一代企业家由于历史

管理的中国韵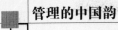

和教育的原因普遍缺乏信仰,甚至不少人在经营中没有道德底线,在收入分配上也没有依道德进行第三次分配之心。如果大家一起把天气搞坏了,谁都颗粒无收啊。

2006年6月

第五块面包与蓝天碧水的选择权

《南方人物周刊》把2007年的年度人物评给了"厦门市民"。原因是他们维权的勇气和决心:"厦门市民在公元2007年PK掉PX的举动,厦门市民在2007年锻造淬炼的精神财富,将会在追求民主与自由的道路上,一路伴行饱经沧桑的中华民族。"

PX是一个专业化学术语:对二甲苯。但厦门市民在2007年反对"PX"的理由是另外一个PX——Protect Xiamen(保卫厦门)。厦门市原来计划在海沧区上一个80万吨的对二甲苯及配套工程项目,总投资108亿元,可以给2006年GDP为1126亿元的厦门增加800亿元,此项目2005年7月得到了国家环保总局的批准,2006年7月得到了国家发改委的批准,选址于离厦门市区16公里的海沧区。

在中国,稍有常识的人都可以判断,民间反对这个项目的成功几率几乎是零,但厦门市民做到了。我在厦门学习工作过,在那里有很多朋友,我现在致力于企业社会责任的事业,我是关心中国民主制度建设进程的北京大学教授,这些都使我关心厦门PX事件的进展。看到这样的结

果，我为厦门市民和厦门的政府官员们感到骄傲。

厦门PX事件使我们看到民间对环保的认识。1984年，我在厦门工作的时候，厦门人还处于"吃第二块面包"的阶段。那时发展经济最为重要，没有环境保护意识。现在，也许已经到了"吃第五块面包"的时候了。多吃一块面包或少吃一块面包已经不重要了，碧水蓝天更重要。

厦门PX事件使我们看到了中国民主的希望。一个通过了市、省、国家层层审批的大型项目，可以因为市民的反对而中止，在中国应该是没有先例的。但可以肯定地说，将来此类事件一定会层出不穷，而且会商议出一种规则甚至法律，让民意得以表达。厦门市民表现出来的智慧和理性让世界看到，中国的城市居民可以担当"市民"的角色，中国的城市可以构建"市民社会"。

厦门PX事件也使我们看到网络对社会的影响。如果没有博客、QQ、MSN、邮件、短信，厦门市民不可能有相应的知情权，也不可能有相应的表达权，更不可能有相应的组织行为。有漫画说："封掉网页，厦门市民就会支持PX"。在中国，网络市场为什么如此重要？一个原因在于，与西方社会相比，网上的自由程度比网下大很多。网络是一种不可阻挡的技术进步，无论政治家、企业家、军事家还是普通社会大众，都必须学会网络时代的生存技能，而不是害怕或压制。

厦门PX事件还使我们看到大学和知识分子的作用。可以说，如果厦门没有厦门大学，厦门PX事件几乎不能成功。厦门大学不在厦门地方政府的管辖之内，厦门大学教授的独立人格、专业知识和学者的社会公信力，在PX事件中起了极其重要的作用。我们有理由期待中国的大学教授们在中国的民主建设进程中发挥重要作用，至少先是全国重点大学的教授们在地方的民主建设进程中发挥重要作用。

厦门PX事件更使我们看到中国地方政府的水平。绝大多数人认识到，厦门PX事件的结果是厦门市政府和厦门市民的双赢，媒体引用了一位厦门大学学生的话："我看到了中国最杰出的市民，以及可能是最开明和温和的政府。"从各种报道可以猜测，厦门市政府最初的态度可能并非如此，整个过程也充满了矛盾和对抗，《厦门日报》还发表过强硬的评论，但最终的结果表明了厦门市政府的开明和水平，值得其他地方政府学习。

厦门PX事件使我们更加认识到企业的社会责任。在这个事件中，企业与环境的关系、企业与社会的关系、企业与利益相关者的关系等等，都展现得十分精彩，我的同事已经把它作为案例在北京大学的MBA课堂上讨论。我建议读者也关注一下这个经典案例，由此加深对企业社会责任的认识。

2008年2月

辑三·论企业与社会

中国可安否
——再论企业社会责任

2007年七八月间，有两件事给我留下了深刻的印象。一是根据上半年统计数据预测，中国的GDP总量有可能在年底超过德国，成为世界第三；出口总量可能超过美国，成为世界第二。二是看到美国《商业周刊》杂志7月底的封面主题"Can China be Fixed?"配以一张破碎的青花瓷盘的图片。主题文章开篇就说中国无法治理环境污染、无法控制股市监管、无法规范企业行为，问题成堆，却势不可挡地正在成为下一个超级大国。文中的大幅照片是中国满地的垃圾、污染的湖水、成排的毒牙膏、花样繁多的盗版产品、可怜的孤寡老人，并用大字写着中文"三中全会"、"研究研究"、"走后门"、"土皇帝"和相应的英文解释。可想而知，文章是如何描绘中国的。

我固然反感这种文章，但此时并不想批判美国人对中国的妖魔化。其实几年前，当我在德国和日本参加各种会议时，就遇到过类似的批评，对方也有丰富的图片和无可辩驳的数据。作为中国人，面子受损并不是最紧要的，我们此时更应该反思：这些国际上的批评声音是针对谁——中国政府？中国企业？中国社会？中华民族？换句话说，中国能否被够"FIXED"，应该是谁的责任？仅仅是政府吗？从我的角度和立场上看，这些现象的肇事者主要是企业，它们当然有责任，甚至是第一责任。

西方的企业社会责任潮流是在资本主义百年发展的基础上产生的，是在物质普遍发达、精神文明水平相对较高、大量企业根基巩固的前提下，整个社会对企业的利润导向，以及企业与环境、企业与社会关系的反思。倡导利益导向的市场经济制度和企业这种组织形态之所以能够在世界范围内广泛存在，是社会的理性选择。但是，当市场经济和企业组织给社会带来经济效率和丰裕财富之后，社会又开始反思这种选择的负面效应并加以修正。政府的社会福利政策是一种"修正主义"，企业的社会责任是第二波社会自觉的"修正主义"。当前，相对于环境、资源、人权、教育、医疗等问题，企业多创造一些利润、社会多生产一些物质已经不那么重要了，整个社会的价值观发生了很大变化，并达成了高度共识。我曾代表中国企业社会责任同盟出席过由世界著名企业发起的Global Leadership Network会议，与IBM、诺基亚等企业领导人在一个小范围内共论企业的社会责任，感觉是置身于联合国会议而非企业界的会议。

然而，中国与西方发达国家不一样，中国社会很复杂。以企业的角度看社会，其复杂性有以下几个原因：一是向市场经济的转型尚未完成，还要提倡利润导向、市场导向。一方面，我们的改革开放事业不可能走回头路，但另一方面，市场经济的弊端已经凸显，要开始反思"唯利是图"的弊端。二是整个社会的法律滞后。所谓改革，就是渐进式地推翻旧法律和规章制度。而法律的修订和更改往往是在法不责众的时候才进行，因此很难判断是改革行为还是违法行为，这也必然使得中国社会的法律意识淡漠。三是社会缺乏在市场经济环境下的指导思想和统一的价值观。"左"的思想显然并不能指导市场经济建设和市场经济法则下的人际关系，目前也还没有什么主义或思想能够成为旗帜。四是区域发展不平衡导致的理念差异或政策差异（也许反之亦然），在中国的不同地域，有时会恍惚觉得身处不同的国家。五是迅速扩大的贫富差距导致的心态失衡与不和谐因素。六是行业发展不平衡和差异，这种差异不仅仅是行业特性所导致的，更是由行业开放时间和开放度不同所导致的行业竞争度和管理水平的差异。七是资源垄断和政策垄断型国有企业在市场经济环境下大量存在，并与外企、民企长期博弈。这三类企业与政府的复杂关系导致了复杂的社会现象。八是西方文明与东方文明在灵魂深处的碰撞。九是我们不知不觉地被迅速融入了全球化的国际社会，中国在世界中的作用比我们一般人想象的要大。

在这样复杂又独特的历史时期和社会环境中，企业是为社会添稳还是添乱？这个问题显得至关重要。计划经济时代，所有单位和个人都以"为人民服务"为己任，但"人民"却并没有被服务好，因此中国选择了市场经济道路。但在中国的市场经济基础还没有打好、社会环境很复

管理的中国韵

杂、企业根基还很不牢靠的时候，社会又提出了企业社会责任的要求。从世界范围看，这是世界的企业社会责任潮流的推动；从中国社会看，这是中国建设和谐社会需要；从作为企业家的社会人角度看，这是我们原来的社会主义理想和中国传统文化中的"士"的精神的感召。对于美国《商业周刊》描述的景象，每一个中国企业家个体是否感到与自己有关？如果都觉得与己无关，那么你可以问问自己这与谁有关？

中国的先富人群，尤其是先富人群中的企业家们，对于中国能否被"FIXED"，是负有巨大责任的。

2007年9月

感受芬兰 感受诺基亚

第二次到赫尔辛基,其实景观只用两个小时就可以逛完,但芬兰人的富裕、芬兰社会的公平、芬兰政府的廉洁,却值得我们花更多时间去探索和思考。大家都知道芬兰有诺基亚这样的世界级公司,通讯业很发达,而不太知道的是,芬兰的造船业、造纸业、玻璃业、凿岩机、工业设计等都名列世界前茅。一个只有500万人口的国家,相当于中国的一个中等城市,有这么多世界一流的产业和公司,能不富吗?

导游冯先生告诉我们,过去他对交40%的所得税心里很不平衡,后来他太太生孩子全部免费,产后医院还主动免费派两个护理到家里来,此后他就心甘情愿地交税了。现在,他的两个儿子上学都全免学费,午餐免费(天下真有免费午餐),国家还把牛奶费发到18岁。他说,赫尔辛基50万人口中有一半是硕士,因为上学不要钱,读到一半可以去工作,工作腻了可以回来再读。他还说,国家买几架战斗机我们都知道,因为"是我们给的钱",那神情,真像是国家的主人。

芬兰政府的廉洁程度,在国际透明组织排名榜上一直是数一数二的。芬兰政府的办公大楼看上去还不如我们有些县政府，总统府也只是个普通的街边两层小楼。总统的住宅有两处，总统和家人不在时可供游人参观，因为住房"是我们给的钱"。芬兰人经常可以看到总统散步，可以和他打招呼、聊聊天。唯一的赌场是教育部开的，账目全部公开，赚的钱都办教育。据说，一位警察局局长开车路上被拦住测酒精，超标了一点点，第二天马上辞职。中国客人问芬兰人：政府官员受贿会如何？芬兰人说不知道，没发生过。我想，我心目中的小国寡民理想社会，大概就是如此吧。可惜中国成了大国，我们没有机会享受这样的日子，只能听听别人的故事，谈谈哲学，然后回家烹小鲜。

这次的目的是参加诺基亚全球企业社会责任利益相关者大会。会议主题是"One World, A Shared Responsibility"（"同一世界，责任共担"），话题基本涵盖了企业社会责任的全方位：全球气候、环境、电子垃圾、劳工、人权、供应链、责任消费等等。过去，这样的会议只有联合国才召开，而现在，跨国公司们已经把它作为自己责任的一部分了，这是一个巨大的社会进步！这次参加会议的有来自世界各地的利益相关者代表，来自中国的有供应商比亚迪、信息产业部、环保总局的官员，团中央下属青年创业者协会的代表，和作为学界和中国企业社会责任同盟的代表的我。一些著名的世界NGO组织如世界劳工组织、绿色和平组织等也派代表参加了会议。会上不乏对大公司的批评之声，甚至对诺基亚的批评之声，如一位印度教授批评跨国公司在对发达国家和发展中国家的用户服务方面存在双重标准。

我参加过GE、IBM公司的类似会议，现在又感受了诺基亚。我在参观中注意到一些小事，如诺基亚正致力于将手机充电器的耗电量降至零、回收电子垃圾、用玉米材料来做手机外壳以使其可降解。正所谓人无完人，也没有一个公司在企业社会责任方面是完美的，重要的是每一家公司都有社会责任意识，为共同的城市、共同的国家、共同的世界尽一些经济之外的义务。企业社会责任理论和实践的兴起是社会对市场经济弊端的进一步修正，是来自民间力量的自觉修正。中国虽然还在补市场经济的基础课，但中国的企业除了经济责任外，是否还能负一些社会责任和环境责任，对中国社会和世界都会有很大的影响。原来我认为全球气候问题离我们很远，但2008年春节前南方地区的大雪灾使我改变了看法。"同一世界，责任共担"还真不是一句空话。

2008年3月

向"好人"买东西

没有任何经济制度是完美的，不同的民族和国家最终都选择了市场经济制度，其中自然有其道理。市场经济最基本的单位是企业。如果我们说赢利的企业是好企业，不赢利的企业是坏企业，那么无论是赢利的企业还是不赢利的企业，都还有"好人"和"坏人"之分。正如在日常生活中所谓的好人不是指有成就的人，而是指道德高尚的人。在企业界，不遵守法律的是"坏人"，仅仅遵守法律的是"不好不坏的人"，而用更高的道德标准来要求自己的则是"好人"。

最近参加了深圳卫视《对话改革》一期节目的录制，话题是关于企业社会责任。节目开场，播放了一个"打工妹"在企业里工作没有任何保障，得了白血病后被企业除名，去世后企业主不愿意负任何责任的故事。严格地说，这并不在企业社会责任的范畴之内。企业给员工上四险一金、付最低工资是属于法律范畴的事，可见这家企业不但没有承担社会责任，而且违法了。但这样的情况目前还不少，因此遵规守法成了企业社会责任的基本要求。随后我又到香港参加通用电气公司召开的企业社会责任评审会。通用电气公司通过英国的一个国际性企业社会责任组织，邀请了亚洲各国NGO、NPO组织的代表和学者们，介绍公司2006年的企业社会责任状况，听取大家对公司的意见和建议，准备出版2007年企业公民报告书。据说这样的评审会在美国和欧洲已经开过两次了。

这两个案例形成了极大的反差。通用公司有130年的历史，在公司的资产规模、市值、营业规模等方面，都是美国数一数二的公司。通用电气从2005年开始发布公司的年度企业公民报告书，2006年企业公民报告书有92页，主题是"解决大需求"（Solving Big Needs），从总体和10个方面汇报了企业社会责任的情况。这10个方面分别是：绿色畅想；制度与治理结构；人权；环境、健康与安全；公共政策；社区；顾客、产品与服务；员工；供应商；股东。从通用电气的例子我们可以知道，企业社会责任不是仅仅守着法律底线，而是自觉地从更高和更广的道德范畴对企业提出更多要求。毫无疑问，通用电气公司是企业里的"好人"，它的社会责任表现在企业的方方面面，难怪持续被评为美国和全球最受尊敬的企业。

市场经济早期物资短缺，那时只要能买到东西就行。后来商品丰富起来，人们有了很多挑选余地，于是开始选择"好东西"，或者在同样好的情况下选择更便宜的东西。如今，我们从计划经济向市场经济的过渡已经20多年了，人们越来越富有，可以选择的商品越来越多，但同时，市场经济带来的社会问题也越来越多，其中不少问题是企业带来的，因此，我们应该建立向"好人"买东西的概念了。

在市场经济体制中，市场的力量或者说消费者的力量是巨大的。如果所有的消费者都不买某个企业的东西，这个企业就一定不能生存。前几天参加了中央电视台《对话》栏目，主角是光明集团董事长王佳芬，主题是2005年光明集团遇到的危机事件。当时，由于某个地方媒体报道了光明集团把回收的过期奶掺回奶中出售，此外奶的出产日期也不准确，这件事经过全国各地媒体的转载，导致消费者不敢买光明的产品，渠道商、零售商也纷纷撤柜或者不进货，几乎导致工厂停产、运输停顿、奶源收购中断。我相信对于光明而言，这件事中不乏误解，或者只是一个非常局部的事件，此外还有当时出厂日期并没有全国标准等客观因素，但这个案例充分说明了消费者的力量：如果消费者共同认定某个企业是"坏人"，共同抵制它的产品，它就只能在市场上消失。

因此，在市场经济中，消费者购买商品时如果主动带有道德意识，不仅要判断所买的东西好不好，还要判断卖这个东西的企业好不好，就会对"一切向钱看"的市场经济的毛病有所修正。同样的东西，为什么不向"好人"买呢？甚至既使"好人"的东西贵一点（因为"好人"不偷税漏税、严格按照法律法规给员工发工资和各种福利、注意环境保护、从事公益等），我们是否也应该向"好人"买东西呢？如果说大企业更有条件做"好人"，那么大企业在买原材料、部件、配套件时是否也应该向"好人"买，从而带动一批中小企业做"好人"？

接下来的问题是，什么是"好人"？国际上正在推行SA8000条款，基本上就是一种对"好人"的要求。沃尔玛公司在采购时，就要求供应商能够通过SA8000条款。联合国前秘书长安南发起的"全球协议组织",倡导人权、劳工、环保三项原则,九项标准,则是一种定性的要求。世界上还有不少学术机构、咨询机构和NGO组织也订立了一些评价企业社会责任的标准,中国也有人开始做这方面的尝试。但我觉得,现在具体标准并非最重要,重要的是在消费者(其实任何企业同时也都是购买者和消费者)心目中要建立向"好人"买东西的意识,至于什么是好人,各人可以有自己的判断。

我们都希望自己生存的社会环境更好、好人更多,也希望有一种机制能够鼓励好人,使好人不吃亏。那么,用我们手中的人民币来鼓励"好人"吧。

2007年3月

在信念的旗帜下
——写在中国企业社会责任同盟筹备一周年

2006年，我在与马蔚华、孙振耀、何庆源、李东生、林正刚等中国优秀公司的领导人交谈时，大家都表达了共同的意愿，希望成立一个机构，以民间NGO的方式来倡导和推动中国企业社会责任建设事业。大家认为，企业是和谐社会的重要组成部分，虽然每个企业都在不同程度地尽社会义务，但集体的力量会远远大于个体力量的总和。于是，中国企业社会责任同盟从2006年4月开始筹备，至10月正式成立。

而后我们了解到，国际上有一个同样由企业家和学术研究机构共同成立的组织——Global Leadership Network，简称GLN，它是IBM、GE、通用汽车、诺基亚等公司与美国波士顿学院的企业公民研究中心，以及英国的NGO组织Accountability共同组建的。他们把企业社会责任融入企业战略发展层面，建立了一套实行企业社会责任的方法、程序和评价标准，也初步建立了一个全球网络。2007年3月中旬我应邀到日本参加了GLN的会议，也参加了GLN与日本的企业社会责任NGO组织——"经团连"下属的CBCC（Council for Better Corporate Citizenship）的共同会议。这些会议使我很强烈地感受到世界级优秀企业对企业社会责任的重视。在GLN的日本会议上，IBM全球副总裁、IBM基金会主席Stanley Litow先生和诺基亚全球副总裁Matin先生等二十几位全球企业代表在一个小范围会议上，热烈地讨论了企业社会责任目前的状况和未来几年需要关注的事项以及发展趋势，很多话题都不可避免地提到中国。例如，大家认为目前和未来很重要的事项是供应链问题，其中涉及是否需要以及怎样设立供应商企业社会责任的标准，这与中国的关系很大，因为这些跨国公司的采购金额很大，例如IBM公司一年的采购金额是450亿美元，涉及35000家供应商，分布在80多个国家，其中很多都是中国公司。因此，跨国公司对于企业社会责任的倡导和推动作用是巨大的，这种作用不仅仅是在理念上，更多的是在行动上。但问题在于：是否可以并如何建立一种企业社会责任的全球标准？

在中国的计划经济时代，所有企业都只是国家和社会的一个部分。改革开放后才减除或摆脱了所谓的社会负担，成为追求利益的组织，换来了经济高速成长的局面。但现在又面临许多新的社会问题，在构建和谐社会的大主题下，企业有着不可回避的责任。中国企业社会责任同盟有三个目标。

一是研究和交流。在中国目前的环境下，企业社会责任体现在什么方面？不同性质的企业社会责任有什么相同和不同之处？当前的企业社会责任重点是什么？企业社会责任与企业经济责任之间有什么关系？如何在企业中开展社会责任工作？如何建立和使用企业基金？等等。对于这些问题，在中国企业社会责任同盟的筹备期，许多企业就已经开始研究和探讨，甚至还曾向跨国公司学习取经。

二是宣传推广。社会需要雷锋，更需要宣传推广雷锋精神。"同盟"有义务宣传推广企业社会责任理念，宣传推广优秀企业、公民企业，使更多的企业和企业家具有社会责任意识。

三是建立企业社会责任的行动平台，并组织一些共同行动。许多优秀公司尤其是跨国公司都有自己持之以恒的社会责任事业，如IBM致力于从幼儿到大学的教育事业；惠普公司致力于电子垃圾的回收；思科公司致力于网络助教等等。"同盟"应该组织中小企业配合大企业的社会责任行动。在"3·15"期间，有人批评惠普的电子垃圾回收行动，认为回收网点太少、实效低等等。我认为，媒体的责任是鼓励更多的企业为社会做好事，而不是抓住知名公司做好事不够完美的地方大做文章。如果每座大型写字楼里都有一家认同电子垃圾回收理念的中小企业，并愿意配合惠普的全球电子垃圾回收事业，这件事就会做得更好。同样，如果思科在中国的1000家代理公司或者更多的公司都认同并配合其"网助"计划，它的效果一定更好，这正是"同盟"应该起到的平台作用。另外，"同盟"正在试验组织一项大多数企业可以共同参加的社会公益事业，以起示范作用。

加入中国企业社会责任同盟的事业，使我有机会介入和了解IBM、诺基亚、惠普、思科、三井、GE等跨国公司的企业社会责任事务，有机会与招商银行、万科、平安保险、TCL、均瑶、腾讯等中国企业一起研究和推动中国企业的社会责任建设事业,有机会和南方报业集团、人民日报、《中国企业家》杂志等媒体一起宣传企业社会责任理念,有机会与波士顿学院企业公民研究中心和Accountability等其他学术机构及社会公益事业组织一起,为社会尽一些义务。这是北京大学管理案例研究中心和《北大商业评论》的荣幸。

在同一片蓝天下,在同一个地球村,在同样的信念旗帜下,企业这样的利益组织也在为非利益的社会事业而努力,充实并且快乐!

2007年4月

奏响第二主旋律

喜欢音乐的人都知道，很多优美的音乐是由两个主旋律构成的：一个是第一主旋律，另一个是第二主旋律，两个主旋律交替、交织、变奏、回旋，构成了丰富多彩、动人心弦的音乐篇章。企业也是这样：企业的第一主旋律当然是企业经济效益，企业奏响第一主旋律是主观利自己、客观利他人；企业还应该有第二主旋律——企业社会责任，企业社会责任是主观利他人、客观利自己。

谁都知道企业是为利益而存在的，一个不能赢利的企业不是好企业，它在市场经济中不会有生存的空间，市场的手将使它消亡。因此，企业的第一主旋律当然是赚钱。市场经济有它残酷的一面，但它毕竟创造了一个金钱面前人人平等的机制。套用一句时髦话说，市场经济是一种很不好的制度，但迄今为止我们还没有发现更好的制度。在市场经济制度下，想赚钱则必须满足其他人的需求，因此企业和个人在利益的驱动下争先恐后地去寻找社会的需求，或者如何比别人更好地、更低成本地满足这种需求。这种行为极大地推动了整个社会的经济和技术进步，使社会不同阶层的人都得到了较好的服务。20世纪，世界从计划经济和市场经济两大体系并存走向了几乎完全的市场经济，就是很好的说明。中国在计划经济时代几乎是全面短缺，而走向市场经济不到30年，几乎所有的领域都供大于求。由此证明，企业在利益的驱动下，主观为自己而客观上是在为社会服务，企业是社会进步的推动力量，企业的第一主旋律是美好的。

但只有第一主旋律是不够的，企业还应当有第二主旋律：企业社会责任。企业社会责任体现在两个方面：一是企业在经营领域里的社会责任；二是企业在经营领域外的社会责任。无论在哪个领域里，企业的社会责任行为都是主观为他人。比如对员工负责，可能出于企业利益动机，也可能出于社会责任动机；虽然是同一种行为，但境界是不一样的。例如，当企业遇到困难需要裁员的时候，松下幸之助说，情况好的时候我们是一家人，情况不好的时候我们更是一家人，因此他不裁员。对于这种行为，可以理解为他想收买员工的心，使员工以后更好地为他干活，也可以理解为他作为企业家对员工履行所承担的社会责任。今天我们完全可以相信，他的行为是出于后者。

企业主观上尽社会责任可以归纳为四个方面：第一是安民。安民是主观上承担为社会安抚民众的责任，使员工真正地安居乐业，而不是仅仅把员工当做获取利润的工具，使用一些收买人心的小伎俩。在市场经济的社会中，企业吸纳的就业人员是最多的。如果企业的员工都能够安居乐业，政府的责任就小了很多，社会就能安定很多。第二是环境保护。企业虽然是社会进步的推动力量，但也是破坏环境的罪魁祸首，化学污染、空气污染、水污染、气温升高等主要是企业造成的。第三是节约资源。过去松下公司往厕所马桶的水箱里放三块砖头是为了经济节约，但现在尽量节约水和节约纸张则主要不是从经济的角度，而是为了节约水资源和森林资源。从全人类和历史的角度看问题，处于工业革命的这几代人不能把地球几亿年形成的资源消耗殆尽。第四是社会公益事业。很多企业家认为公益事业不该是企业家的事，那么该是谁的事呢？

在这里我想重点谈谈社会公益事业。市场经济通过市场的手进行第一次分配，通过政府的手进行第二次分配，通过道德的手进行第三次分配。美国的第三次分配约占GDP的9%，企业和个人每年捐赠款约为6700亿美元，比例约为企业2/3，个人1/3；而我国有捐赠记录的企业只占企业总数的1%，总额只占GDP的0.3%。根据2003年的数据，美国人均年捐款469美元，我国为0.92美元。我国人均GDP是美国的1/38，人均捐款数是美国的1/7300。这种现象固然有很多因素，比如在中国成立公益组织很困难、中国有公信力的公益组织和领袖人物极少、中国政府对企业和个人捐赠的税收优惠政策有待改进等，但最主要的还是我们的企业和企业家们的社会责任意识或者说社会公益意识的淡薄。

我最近刚刚从贵州毕节地区赫章县考察回来。我为那里的贫困状态感慨，也为那里干部的热心感动。那里乡村小学里有很多学生买不起书包，抱着一叠书去上学，四个孩子挤着一张书桌上课，中午很多孩子的午餐就是随身带的一个大土豆。我们到了一个一千多人的彝族村庄，早

管理的中国韵

季家家户户要到7公里以外的水源地去背水,因此小学老师都不愿意到那里教书,而引水工程只要花十几万元就能解决。赫章县干部平均工资只有1000元,但他们响应县政府的号召,每天节约1元钱,每月捐30元交给县教育局支持贫困山区的教育事业。

据说韩国解决农村问题时号召一个企业帮助一个村庄,中国目前注册的企业数量超过1000万,如果一个企业帮助一个村庄,只要有1%的企业参与,就能帮助10万个村庄。这种帮助可能就是修一条引水渠或打一眼井。我知道有企业为某个缺水村庄打了一眼井,村民们就在井边树了一块碑,上面刻着企业的名字和吃水不忘挖井人。我知道招商银行花12万元钱为云南一个彝族村庄解决了水的问题,村民们知道马蔚华行长要路过附近时,走了3小时山路又等了2小时拦住车,就是为了向他表达感激之情。招商银行默默无闻地进行扶贫事业已经12年了,每年还坚持向云南楚雄地区的两个贫困县派出副县长。万科集团也做了很多公益事业,今年是他们的"企业公民"元年,他们在企业预算中列了1000万元作为与经营无关的公益事业支出,令人高兴的是股东大会对此的赞同率居然达到了99.996%。从这里我们看到了中国企业社会责任的希望。

那么,什么时候奏响企业的第二主旋律?很多企业家认为我们还没有招商银行和万科那样富,等我们以后……我想起了丛飞,丛飞富吗?他作为深圳市的一个民间歌唱艺术工作者不能算富,可是他资助了187个贵州、湖南等地贫困山区的穷孩子。他10年来义演了四百多场,捐赠了钱物300万元。我没有看到报道丛飞对公益事业的捐赠占他个人收入多少的数据,我保守地猜测至少在80%以上。我们的企业和企业家不比丛飞有能力吗?万科做公益事业的1000万大约是他们利润的1%,其他企业是否也能拿出1%?试想一下,如果中国1/10的富裕人口能像赫章县干部那样每天节约1元钱支持贫困地区的基础教育,一年就是475亿元,这能解决多少贫困地区孩子的上学问题!我们在赫章县到处都能看到关于"两基"(基本普及九年义务教育、基本扫除青壮年文盲)的宣传标语。县教育局长告诉我们,在干部中流传一句话:最难喝的酒是"普九",最难吃的鸡是"两基"。我们能帮助赫章的干部们喝上好酒吃上好鸡吗?《北大商业评论》的主编厉以宁教授已经在贵州毕节和湖南沅陵捐了两所希望小学;至少北大管理案例研究中心和《北大商业评论》杂志社的全体工作人员,从2006年9月份起每人每天捐1元钱给赫章的"两基"。

中国的企业和企业家们,为了民族和国家,应该奏响企业的第二主旋律了,我们主观为社会,社会也会回报我们。社会富裕了,我们的市场就更大了;社会稳定了,我们的经营环境就更好了;社会上好人越来越多,我们的心情就越来越舒畅。我们可以责怪政府、责怪社会,但更重要的是在我们自己力所能及的范围内行动起来。我们自己不就是国家、民族、社会的一部分吗?中华民族是有五千年文明历史的泱泱大国,是盛行孔孟之道两千多年的仁义之邦,不是现在刚刚懂得"八荣八耻",但我们要用实际行动来证明啊!

2006年9月

经济危机下的宏观思考

经济危机并没有缓解,而且愈演愈烈。

当年马克思批判资本主义的原因之一就是资本主义必然导致经济危机,而这种危机是资本主义自身不能克服的。经济危机会对社会造成重大破坏,对失业的无产阶级而言更是灾难深重。

20世纪,在经过了社会主义阵营和资本主义阵营长达五十多年的斗争的和较量之后,西方发达资本主义国家似乎取得了胜利。但是究其原因是社会主义国家的存在对其产生了警示和制约,使得资本主义国家不得不注意社会公平,不得不注意缓和阶级矛盾,不断地对资本主义制度进行修正和改良。当苏东解体、中国加速向市场经济转型后,资本主义国家在没有制度竞争对手的情况下迅猛(疯狂?)发展了20年,终于又迎来了经济危机。这是否还是没有逃脱马克思的预言?只是,今天没有两个阵营了,只有市场经济这一个阵营,几乎所有的国家都在朝同一条路上走,不同的只是五十步和一百步的关系。美国是这条路上的领头羊,美国的问题也是全世界的问题,没有人可以幸灾乐祸,大家都要共同来帮助美

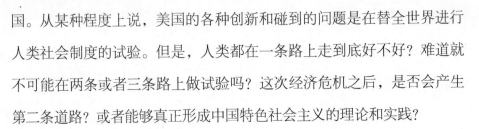

国。从某种程度上说,美国的各种创新和碰到的问题是在替全世界进行人类社会制度的试验。但是,人类都在一条路上走到底好不好?难道就不可能在两条或者三条路上做试验吗?这次经济危机之后,是否会产生第二条道路?或者能够真正形成中国特色社会主义的理论和实践?

这一次经济危机已经不仅是由资本家的贪婪引发的,也是由于代理人(企业高管)的贪婪、所有投资者(股民)的贪婪、所有消费者(在发达国家中几乎是全民)的贪婪而引发的。企业高管们收入越来越高还越来越贪婪,几乎所有的投资者都成了投机者,几乎所有的消费者都在不知不觉地追求并不是真实需要的需求。那么,这种市场经济的基本理念和基本制度是否有问题呢?

但愿这一次经济危机不会太严重,也不会像马克思所说的那样是制度内不可克服的。人类也不希望社会太折腾。因此我们暂时不怀疑市场经济的基本制度是否合理。但我们至少应该思考,一些市场经济的规则是否要改写。

例如,金融业之所以能够存在和发展,是因为有金融杠杆和金融衍生工具的存在,如果说投资银行通过金融衍生工具把金融杠杆的比率放大到25倍到32倍之间而导致了危机,那么,衍生产品是否应该完全消除?如果还可以有,到底多少倍才是合理的、安全的?传统银行的12倍是否就合理、安全?在12倍的限制下,传统银行8%的最低资产难道真的能够对100%的总资产负责吗?

又例如,储蓄与负债的比率以多少为宜?美国人平均储蓄率为零、平均负债为3万美元是否合理？中国人储蓄率高达50％是否合理？如果两者都不合理，那么多少是合理？这里主要是文化差异问题还是政策导向问题？经济发展建立在人们超前消费的基础上到底是不是好事？

还例如，过去经济学家们之所以可以进行经济预测，是因为在实体经济的环境下供需关系是可以预测的。现在经济学家之所以不能够再预测未来，是因为现在的虚拟经济比重太大，而虚拟经济是由人心决定的，不是由供需关系决定的。那么，是否不要虚拟经济？或者，虚拟经济的比重是否必须控制在某个数值之下？这个数值是多少？

再例如，国际化分工是一个美丽的幻想，你做农业、我做工业；你做金融、我做制造；你种稻子、我种土豆；你做电子、我做机械——这种理想化的分工是否像共产主义一样难以实现？国际化给一些国家和一些企业带来好处，但地球那一端的人一咳嗽我们就发高烧，别人的一个错误就把我们带入深渊，而且对此我们完全不可预测和不可控制。连美国这样的国际化最大的受益者和先驱都在优先购买美国货、优先雇用美国人，这仅仅是经济危机中的临时行为吗？一个企业或者一个国家的国际化程度以多高为宜？

还有，完全的计划经济不可取，完全的自由经济也不可取。由于金融杠杆、虚拟经济、信息技术和网络传播等各种因素的作用，当今的经济在很大程度上是由消费者（等于人民）的信心决定的。在没有信心的条件下，任何消费者都可以停止购买非必需品，并且节衣缩食控制购买必需品。以我们自己为例，完全可以一年不买房不买车、不添置新衣服、不买新家电、不到饭馆吃饭、不出去旅游。如果所有的消费者都如此，任何正常的经济体系都会崩溃。现在的环境下政府的作用已经不仅是调控经济了，而且要起到稳定和提升信心的作用。没有任何企业对社会信心的影响程度能够大于政府。因此，要重新评价政府在经济中的作用。但政府和市场之间的界线如何划定？政府该管什么，不该管什么？该管的管到什么程度？（比如是否应该限薪？）

此外，过去在两种主义之争中有一个重要的理论命题：是资本创造价值还是劳动创造价值？引申成为现实问题：是资本家养活工人还是工人养活资本家。现在，这个命题可以扩展成为大资本（资本家、富人？）、小资本（中小股民？）、管理（CEO、高管、中管？）、劳动（基层员工）在价值创造中的贡献孰重孰轻的问题。引申出的现实问题是收益在这几者之间应该以何种比例进行分配。仅就高管而言，据最新统计，美国500强企业CEO的收入是普通员工的三百多倍（美国很多CEO的年收入是普通员工的1000倍以上），我国有关政府部门发出的对国有金融企业高管的限薪标准是不得超过普通员工的12倍（回想起二十多年前我担任国有企业领导人时有文件规定国企领导人的年收入不得超过工人平均工资的3倍），过去看到材料说日本CEO的年收入是普通员工的100倍以内。那么这1000倍、100倍、10倍的数量级何者更为合理？这里的确有理念、制度设计和政策制定问题。

以上问题还需要深入研究，而且社会试验很难像物理试验和工程试验那样做正交试验，快速不断地逼近最佳数值。但这个最佳数值客观上还是存在的,需要朝它去努力。

2009年3月

经济危机下的企业战略思考

我对企业战略的定义是：为赢得竞争胜利而在变化的和对抗性的环境中对企业目标、资源和手段的综合思考。一次重大经济危机令我们可以学习思考的方面很多，我重点谈一谈对环境变化的预案和对企业目标及发展模式的重新思考。

战略首先要思考的就是外部环境可能产生的变化，眼前我们就处在外部激烈变化的环境之中，这种变化对一些企业来说是致命的打击。对这种环境变化是否能够有所预测并做好预备方案呢？这显然是可能的。如同打仗一样，尽管所预测的情况不一定发生，尽管预备部队有时不一定用得上，但在做战略规划的时候永远要有预备方案和以防不测的预备部队。前些天我与一个著名经济学家弟子圈的核心人物聊天，他说这次金融危机我们圈子的人一个也没有损失，因为我们常常在一起分析经济形势，有所预见。例如，完全依赖出口订单的企业，尤其是仅仅依赖一两个大客户的企业，难道不应该对可能导致订单下降的因素做一些预测和采取一些可能的对策吗？人民币对美元的汇率与人民币购买力指数的差距很大，出口企业对人民币的升值是一定要做准备的。几年前我到一个著名的出口家具制造基地考察时就有这样的担心，曾经对他们如何开拓国内市场提过一些建议。但对于出口顺畅的企业而言，内销的市场相对很难。但现在就更难了。

讲一个也许是老生常谈，但现在说起来意味深长的故事。一个美国人和一个日本人在山中同行，突然出现了一只老虎，日本人立即放下背囊，掏出跑鞋穿。美国人不解地问："你跑得过老虎吗？"日本人说："不，我只要跑得过你就行了。"这是美国人在20世纪80年代编的故事。在战略管理课上，我把它改编成版本二和版本三，版本二是：日本人穿上跑鞋跑开了，美国人笑着拿出一支钢笔模样的东西，那是激光动力火箭推进器，美国人按了一下按钮上天了。在版本三里加上了中国人：三个人在山中行走，老虎来了，日本人正在穿鞋，美国人拿出了一支钢笔模样的东西，中国人怎么办？在课堂上大家讨论出五种方案：一是学武松打虎，当然要有武松的本事；二是趁日本人穿鞋时在他脑袋上打一拳，把他打晕了抢鞋穿；三是赶快爬树（损招儿）；四是抱着美国人一起上天；五是装死，据说老虎不爱吃死的东西。这个故事典型地说明了要对外部环境的变化做出预测和准备自己可能采取的应对方案，否则当情况发生时一定束手无策，坐以待毙。在很多战略管理的实例中我们都可以发现，如果事先有心做一些分析，未来可能发生的环境变化和竞争对手可能的反应，都是可以预估的。军事战略上之所以这么重视预案是因为军事决策的时间十分有限，而企业决策的时间相对宽松，因而更容易忽视预测和预案。

由于大环境的幸运，中国的企业习惯了在不断增长的形势下生存，而这次经济危机使得我们要重新思考一些企业目标和发展模式问题。

例如在目标的选择上，是做得大还是做得久。一个立志基业常青的企业在百年之中一定要度过两三个重大经济危机或者经济低迷期，只有能够安然度过，才有可能基业常青。因此，考虑问题的出发点不仅仅是成长，还要考虑安全，要留有余地准备渡过难关。德国学者赫尔曼·西蒙在《21世纪的隐形冠军》中举了一个例子，有一家德国公司一百多年来一直只有三十多位员工，今天，中国国家大剧院的管风琴就是他们做的。西蒙在北京大学做过两场讲座，正好都是由我主持的，当时有学生问他，一个企业发展了这么多年还是只有这么小，这也算成功吗？这个问题放在一次经济危机之后或者几次经济危机之后，答案是显而易见的。这时不是沉舟侧畔千帆过，而可能是千舟沉没一帆过。

在企业增长的速度上，如果不考虑未来可能遇到的重大危机，企业就会在有市场需求的情况下拼命扩大各种规模，扩产扩能，招兵买马。一旦危机来临，则削砍机构，减产裁员。这看似符合经济规律，但任何一次减产裁员、抛售公司或者资产，都不仅仅是经济损失，更是对人心和文化的伤害。例如，联想在上一次网络泡沫危机中的裁员，引出了一篇著名的网络文章《公司不是家》，对联想的品牌形象、公司中的人心造成了不小的影响。在中国的文化传统和注重社会稳定的环境下，企业的裁员更被赋予了非经济意义，因此，今天各级政府都在号召甚至强制企业不裁员。因此，企业在形势好的环境下发展时，一定要考虑将企业控制在哪一天经济形势转坏时可以不裁员的规模，在发展中把能够外包的业务尽量外包。

在公司制度的构建上，中国的理论界一直对家族企业有所批评。在经济危机中，我们可以重新思考这个问题。中国有几千年的家文化，这种家文化如果能与市场经济结合，将会既有利于家庭和家族，也有利于社会。德国之所以长期占据世界第三的位置，很大程度上是由于德国中小企业的贡献，而这些中小企业主要是家族企业。中国似乎还很少有人在创业的时候就立志要成为世世代代的家族企业，用自己的名字作为公司的品牌，准备世代相传。其实这是一件十分美好的事。家族企业最大的优点之一就是自我约束能力和凝聚力较强。可以想一想，如果某人以自己的名字注册公司，并立志做一个百年企业，他就会对这个公司的声誉十分珍惜，并且有很长远的打算，不太容易急功近利甚至做一些不利于社会的事，例如在牛奶中加三聚氰胺之类。

在业务战略的选择上，如果在一个持续增长的环境中，中小企业最好集中资源专注于某一项专业化业务，但是，在经济环境可能发生巨大变化的情况下，过于专业化的风险很大，而适度的多元化有助于增强公司的抗风险能力，尽管在正常时期，适度多元化的经济效率可能不如专业化，但是当危机来临时，适度多元化就可以帮助公司度过危机。也就是说，在战略思维上，要把公司稳健发展和抗风险能力摆在重要的地位。在今天的环境下，如果中集公司还是只做集装箱，比亚迪还是只做电池，可能就十分危险。

在国际化与内需市场方面，经济危机给我们带来的思考是，国际市场是我们难以直接把握的，尽管仅仅接单做生产相对轻松，但市场一旦变化，给企业带来的打击是毁灭性的。世界市场证明了汇率的变化决定着做国际市场的企业之命脉，而汇率的变化往往不是由经济规律决定的，同样的生产成本，汇率变化后马上就失去了竞争力，企业难道可以不做防范吗？一个国际大客户固然好，但没有了这个客户的订单，企业也就随风而去，企业难道可以不做防范吗？

中国企业在成长的过程中，遇到了千载难逢的大好发展时机，也必然会遇到一次百年不遇的不好时机。经历过低谷的人生才是完整的人生，经历过危机的企业才是成熟的企业，在低谷中的思考往往比在巅峰上的思考更有价值。

2009年4月

辑四·论责任与公益

什么是公益责任？每个人都应该具有家庭责任、职业责任、公益责任，中国人缺乏的是什么？在西方的企业社会责任定义中，并不包含公益，中国的企业社会责任是否应该包含公益？企业做公益的目的、尺度和方法应该是什么？

中国地大人多、情况复杂，灾害频发，在这样的情况下，什么是常态的责任和公益，什么是非常态的责任和公益？企业在非常态下应该如何思考和行动？2008年的四川大地震是否震出了中国的公益精神？跨国公司、国企、民企的公益理念和行为是否有差别？

在中国贫富悬殊的情况下，公益事业是否应该成为解决许多社会问题的方法之一？相对富裕地区的每个企业或者每一个人如果都有公益意识而且力所能及地履行一些实践，会对中国社会产生怎样的影响？方碑村试验的意义何在？

中国地区信用口碑的代表是什么人？我们是否可以期待该地区法人的口碑也一样好？哪些地区的商人在公益方面表现最出色？其背后有什么原因？中国富豪与母校教育有关系吗？中国富豪为什么回报母校少？要求中国富人做公益是否太早？华商是否应该更具有社会公平意识和公益精神？中国商人在世界上应该具备什么形象？

"巴比"是否有资格来中国教导中国企业家如何做公益？"军标"的高调是否值得赞扬？中国的GDP世界第二了，中国拥有10亿美元以上资产的富豪人数也世界第二了，中国的公益事业何时会世界第二？中国是否可能出现世界上最大的慈善家？

行商·行乐·行善

作为中国企业社会责任同盟的秘书长，2007年6月12日，我应邀到深圳参加了万科发起的"海螺行动Ⅱ"——中英解决城市低收入人群居住问题比较研究的启动仪式及新闻发布会。早在2005年，万科就发起了"海螺行动"，征集中低收入人群的居住解决方案，吸引了263组人员参加，最终甄选出13份方案上报建设部。在第一届"海螺行动"之后，万科首个"城市低收入住宅试点项目"在广州与佛山交界处破土动工。这次，万科与英国总领事馆文化教育处合作开展"海螺行动Ⅱ"，进行中英比较研究，并将"中低"的"中"字去掉，聚焦在低收入人群。这次研究的重点在于"混合居住、廉租房社区、利益相关者的相互作用"三个方面，不仅聚集了这方面的专家，还要选三个体验者在中国和英国进行为期各一个月居住体验。

发布会开始之前，主办方要我们每人在一张卡片上写一句话，我写了"祝万科在自己的商业领域里吹响企业社会责任的海螺"。万科是中国企业社会责任同盟的发起成员之一，在同盟的成立大会上，有不少人建议我们把重点放在组建"社会型企业"上，即以商业行为来履行社会责任。但我们认为，组建一个"社会型企业"只能解决很少一部分的问题，同盟的意义不在于解决某个具体问题，而在于宣传推广企业社会责任的理念，研究中国的企业社会责任问题，团结和鼓励同盟成员开展全面的企业社会责任工作。企业社会责任是一个很宽泛的概念，公益活动只是其中的一小部分，更重要的是企业在自己的商业活动中履行社会责任。万科如果只研究低收入人群的住房问题解决方案，那就只是公益活动；如果后续投资于低收入人群住宅的开发建设，那就是商业行为。企业拿出一些钱来做公益活动固然可嘉，但能够以商业行为履行社会责任，则对社会的贡献会更大。某位房地产大亨曾说："房地产商就是为富人服务的。"他说的也许是事实，但并不合时宜。万科其实也赚了很多富人的钱，但基于社会责任，万科也愿意为中低收入人群做点事，王石就在认真考虑如何领会建设部"90平方米以下占70%"方案的精神实质，以及如何实施这个方案。例如，如何利用每一角落的空间？可否建设公共会客区以弥补小客厅的不足？是否增加公共储物区？等等。如果每一个房地产企业都积极思考中低收入人群的居住问题，都拿出一部分资金有所行动，岂不比做公益更有实效？推而广之，每个企业的社会责任都体现在商业活动和公益活动两个领域里，企业是个商业组织，如果能够在商业领域履行社会责任，其意义会比单纯从事公益活动更加自然，更加持久，更具意义。

午餐时王石说了一个故事：某著名企业的董事长向他请教两个问

题。第一个问题是，万科如何接待中央领导。他说自己的企业除了分管公检法的罗干和分管意识形态的李长春没来过，其他七大常委都来过。王石愣了一下说，我们连一个中央委员也没有接待过。那个董事长又问，你是怎样培养接班人的？王石说我不培养接班人，我只是选对了一个行业，制定了一套制度，树立了一个品牌，培养了一个团队。对方语塞。我举这个例子是想说明两件事：第一，万科并不是热衷于讨好政府的企业，而是有社会责任感的企业。据说四通的段永基有个外号叫"老贼"，他曾经在电视里公开说："我的确是'老贼'，又老又贼，在中国这样复杂的环境下，我不贼四通哪能活到今天？"但王石似乎不老也不贼，而是率情率性的企业家，就这样万科也走过了22年，这是社会的进步。第二，王石将来还应该在"四个一"后面加一个"一"：根植了一种责任。企业家创建一个有效益、能持久的企业固然不容易，但更难的是创建一个有社会责任感的企业。

在新闻发布会上，王石说："王均瑶39岁英年早逝后，中国企业家中流传着一句话：要及早行乐。我是属于较早行乐的，我到处登山，很快乐。但2005年万科成立20周年后，我觉得行善也要及早。登山有快乐感，但没有高尚感，做善事心里则有高尚感。"只要有心，我们众多的企业家们其实都有能力在自己的商业领域和公益领域中，力所能及地早一点行善。

万科现在是中国房地产业的老大，应该在行业内扛起企业社会责任的大旗。据他们预测，2010年后万科有可能在住房销售面积和销售套数

管理的中国韵

方面成为世界第一。但规模并不是世界级企业的唯一标准,世界级企业还应该在世界范围内树立品牌,并在世界范围内履行社会责任。中国太需要有社会责任感的企业,随着中国经济的发展,企业行善的范围不仅在中国,还应该扩及世界。

2007年7月

对"5·12"大灾难的理性思考

"5·12"汶川大地震牵动了全国亿万人民的心。在巨大的灾难面前,中国特色社会主义的特点、中国人民的爱心和齐心、中华民族的民族精神体现无遗。

我们所在的组织三位一体,包含北京大学管理案例中心、《北大商业评论》杂志社、中国企业社会责任同盟秘书处。地震一发生,大家就自觉地行动起来,先是自觉捐款,后来是有组织地捐款。曾经是军人和记者的寇全军作为志愿者,代表大家奔赴北川。同盟的同事们立即与同盟企业商量,紧急往灾区调配物资,尤其得到了均瑶集团下属吉祥、奥凯、鹰联的支持,开通了上海和天津往成都的货运免费航线,同盟自己组织并帮助一些有货源的单位往成都运送了一些物资,再联系四川省招商局作为落地配合单位。虽然这些只是杯水车薪,但也是一分责任,一分爱心。据不完全统计,截至2008年5月19日,同盟共有16家会员企业捐款捐物价值超过2亿元。其中企业捐款1.6713亿元,企业用户捐款3490万元。我内心深深感谢同事们,感谢均瑶集团、感谢同盟的其他企业,我

管理的中国韵

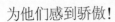

为他们感到骄傲!

2008年5月20日,我到了四川,希望为灾后重建尽一分绵薄之力。在灾区,我做了一点调查,会在他处另行叙述。这篇文章中,我想谈谈几点理性思考。

首先,中国需要大量的独立非政府组织。对于突如其来的巨大灾难,灾区政府异常紧张和忙乱。志愿者当然是必要的,但首先应该有能力自己解决自己的所有问题,最好是有组织、有专业能力的团体,否则反而会成为当地的负担。中国太缺少有公信力、有能力的非政府组织。如果有高效的NGO组织与政府对接,或者有能力独立实施救援,效果会好得多。有些志愿者到了现场,自己的衣食住行什么也没有准备,或者没有相对长期的打算,可能就帮不上忙。例如有些组织派来了一些心理医生,挂上心理咨询的红袖标,但很可能是把灾民的心理创伤再掀开一遍,马上人又消失了,如果是这样的志愿者,还是不要来得好。而有组织、有专业能力的志愿者队伍,其实是大量需要的。我们在安置北川灾民的绵阳九州体育馆看到,总体安排相当不错,连厕所都很干净。然而由于受灾面积太大,下到周边的村里,受到的关爱就相对较少了。

其次,中国政府在这次大灾难面前表现了强大的作用,赢得了国内外普遍的赞誉。但也要看到,在这样巨大的灾难面前,政府并不能解决所有问题。政府的政策是普惠制的,决策较谨慎、较慢,实施过程较长,而且必须一视同仁。通过可得数据能够发现,认捐的金额、到位的金额和发放至灾区的金额之间差别相当大,到现在连十分之一都不到。

但民间的行动则较快，例如手电筒和蜡烛等物资，可以迅速地实现点对点支持，也可以到达一些阳光偶尔照不到的地方。2008年5月23日，据四川媒体报道，四川受灾家庭达到318万户，按照全国的家庭人口平均数据，约有1000万受灾人口，还不包括其他省。有人初步算过，本次地震灾害损失约2000亿元，我看远远不止，如果每户损失10万元，318万户就是3180亿元，更何况还有政府、企业、学校、事业单位等的损失。

我到了不知名的绵阳市安县黄土镇方碑村，看到村里房屋95%都毁灭性地倒塌了。因为当时农民们正在田里劳动，村里1426人中，死亡的只有15人，但几乎所有东西全部埋在废墟里了。有的村表面上破坏程度没有这么重，但满目疮痍的危房已经无法居住。刚到那天晚上，我自己带着军用帐篷睡在绵阳九州体育馆外的街边，早上起来与隔壁帐篷的居民聊天。他们说自己是绵阳市民，屋子震裂了，不敢居住。他们指着对面的灾民集中营说，政府只能先管他们，根本还顾不到我们。

灾后的重建是长期而艰巨的。唐山大地震时是计划经济的社会主义，我们只能听听消息，掉掉眼泪，然后等着政府计划。现在是市场经济环境下的社会主义，有富裕地区和富裕阶层的社会主义，企业和民间有善意、有能力为灾后重建贡献力量。如果对受捐机构更了解、更放心，捐赠的数额会大得多。例如我自己，我在灾区一线捐到实处的款比我在后方时多得多。我认为，在灾后重建工作中要找到一种政府、金融机构、社会团体、捐助企业、受灾单位和个人的合作模式，一种捐助与市场原则相结合的、可推广的模式，而且是点对点的、看得见的模式。

我到灾区主要是想做这样的调查研究。我在成都见到了世界银行、国际金融公司的官员，他们愿意与我们积极探索这样的方案。

再者，资助企业和资助人心态要正确。不要为了扬名和追求广告效应而去救灾和支援重建。受重点关注的灾区捐者如云，其他地区却无人问津。绵阳市教育局领导告诉我们，北川县49所受灾学校的重建已经被认领完了，但据初步统计，绵阳市九个县其他乡镇一级的重灾学校还有161所，村小学还不计（例如我们在方碑村看到，那里容纳200名学生的村小学已经完全倒塌，这样的村小学大概还有1000所）。在市场经济环境下，企业是利益组织，但在这种大灾难面前，市场原则要暂时放弃。例如，按照市场原则，物资紧缺就应该提价，但在这种大灾难时期就不能这样做，而应该按照人类道德法则规范自己的行为。同理，有广告效应的捐赠要做，没有广告效应的捐赠和资助也要做。在救急时，应该在"起心动念"上把广告效应放在第二位，甚至不计，这才是佛家说的"正念"。

还有，捐赠和资助人不要摆出一副施舍姿态。在灾后重建中，无论从心态和方法上，都最好是能帮助对方自救，使受助人有尊严，并培养他们的自救能力。这样的大灾难谁都没有遇到过，我们又要"摸着石头过河"，关键在于如何找到政府、金融机构、资助企业、社会团体、受灾人之间和合作模式，能否找到可以持续、可以复制的灾后重建模式。在美国黄石公园，管理方禁止游客喂鸽子，因为鸽子习惯以后就丧失了找食能力，没有游客时就会冻死饿死。灾后重建也是这个道理，不能对某一个典型地方大包大揽。四川人民很勤劳，而且心态很好，我们在村子里时，已经看到村民们下田插秧了。帮助他们是要帮助他们自救，而不是去当救世主。

最后，我们要尊重生命的个体。我已经看到报道，北川要建立一面哭墙，把这次死难者的名字刻在一个大石碑上，因为他们都曾经是一个个生命。我在网络上也看到，在这次大地震之前，唐山已经计划把唐山大地震死难者的名字刻在墙上，以纪念死者，教育后人。这是一个大大的进步，表明我们开始尊重每一个个体的生命。日本人在否认南京大屠杀时就问：你们说30万人，是谁啊？我觉得，首先应该把救灾牺牲的解放军、武警、公安干警、干部、志愿者的名字刻在石碑上，而不仅仅以"救灾烈士永垂不朽！"一笔带过。我特别心疼在抗美援朝战争中牺牲的每一个志愿军战士，不管官方统计是多少万，那些为我们赢得了民族尊严的英雄们，他们一个个都是谁？我们到哪里去表达对他们的敬意？

抢救生命的高潮过后，救灾进入理性阶段。这个阶段更难、时间更长。现在不能再靠解放军了，除了主要依靠政府之外，还要依靠企业、社会团体、中华人民共和国的公民、尤其是那些先富起来的公民们。大灾难检验了改革开放30年后的中国公民社会，包括企业公民。"起来，改革开放先富的公民们！"

2008年6月

非常态企业社会责任

汶川大地震的发生，使中国进入了非常状态。

这场灾难并不亚于一场战争，事实上，中国军队大规模出动：陆军、空军、防化兵、空降兵、舟桥部队、武警部队、公安部队、消防部队、特警部队等等。据说空军除了战斗机，其他机种全部出动了。大地震导致死亡与失踪人数近10万，受伤人数近40万，被解救人数150万，救治伤病员213万人次，受灾面积达10万平方公里，近1000万人无家可归，受灾人数4000多万。幸存的人说，再看任何恐怖片都不会感觉恐怖了，因为他们经历了人生最恐怖的事件。

因此，要把这种事件当做非常态事件看待，围绕这个事件的一切思维和行为也都应该是"非常态"的。如果把它当做常态看待，就会犯下不同程度的错误。例如，万科开始时就把它当做常态来对待，而后来捐款1个亿就是把它当做非常态来对待了。思科公司在平时的捐助方面并不突出，但这一次，思科全球CEO钱伯斯先生亲赴四川灾区，决心追加捐助1亿美元，并计划派出15人团队在四川灾区持续工作三年，背后还有一个美国专业团队的支持，这也是因为他们把这次事件看做了一个非常态事件。

在常态的全球共识中，企业社会责任的概念中并没有包含慈善事业。例如经济合作发展组织1976年发布的"OECD跨国公司行为准则"、泛宗教企业责任中心1995年发布的"ICCR全球公司责任准则"、联合国1999年发布的"全球契约十项原则"等等，都没有把企业要进行慈善事业，或者要用收入或利润的多少比例进行慈善事业作为准则或原则之一。最为著名的是联合国前秘书长安南先生提出的联合国全球契约十项原则：1. 支持、尊重和保护国际上宣布的各项人权；2. 企业应当确保不成为侵犯人权的共谋；3. 支持结社自由并切实承认集体谈判的权利；4. 消除一切形式的强迫劳动和强制劳动；5. 切实废除童工；6. 消除就业和行业歧视；7. 对环境挑战采取预防办法；8. 主动增加对环境保护所承担的责任；9. 鼓励发展和推广无害环境的技术；10. 反对各种形式的贪污，包括敲诈勒索和行贿受贿。但其中也未提及慈善事业。

在中国，据说有数百家企业参加了联合国全球契约组织，可谓步入了国际化。这十条原则是否适合我们，可能无法评价。但我想，中国的确太特殊，如果中国要列出自己的十项原则，企业开展慈善事业一定会成为其中一条（另外如依法纳税、诚信经营等市场经济中最基本的企业条款是否也会被纳入？）。而且，现在全社会都把企业是否开展慈善事业当做企业社会责任的重要衡量指标，甚至是唯一指标。

那么，以这次大地震为例，在非常状态下企业的社会责任是什么？

第一是非常态捐赠。既然在常态的中国社会中，企业捐赠被认为是企业社会责任的重要表现，在非常态下，捐赠的责任和意义就会被数倍甚至十倍百倍地放大。就像在战争中，家家户户送不送军粮、纳不纳军鞋被看成爱不爱国的标准一样，企业不捐赠，尤其是大企业不捐赠，就像富人在国家处于战争状态下不拥军，会受到极大的社会压力，甚至会有性命之虞。对于跨国公司而言，捐赠是有长期持续方向、有常规额度的。但认识到中国这次的大地震是严重的非常态事件，因此可以调整方向，打破额度。例如诺基亚公司的分管副总裁萧洁云女士专门飞到总部去解释和说明这种非常状态。在中国东部发达地区和西部不发达地区贫富悬殊严重、城乡差别严重的状态下，西部农村地区发生了这样巨大的灾难，社会有理由希望东部地区和城市富裕阶层多进行一些捐助。中央部署东部省份对口支援受灾的一个县，就体现了这种思路。至于企业是否跟着政府走，则另当别论。

第二是非常态专业能力的提供。陈光标这次成了英雄，并不是因为他捐钱多（捐钱再多也只能是多获得一些喝彩，但成不了英雄），而是因为他第一时间亲赴灾区提供了重型机械救人，这种专业能力赢得了社会由衷的尊敬。还有中联重科、三一重工等都因此赢得了全社会的尊敬。万科公司也是如此，公司负责企业社会责任的朱保全说，当万科的重型机械车队开到绵竹遵道镇时，所有的志愿者都哭了，因为他们深深感受到双手的无力和专业设备的力量。再比如，思科计划中对灾区的三年援助并不是仅仅提供金钱，而是以其专业能力为灾区提供远程教育和远程医疗服务，并且由联合无国界教师和无国界医生等NGO组织提供内容。再比如我们专家学者，能够为灾区提供的最大支持是智力支持，为灾区重建献计献策、做调查研究，进而可能进行试点等等。

第三是非常态投资。也许很多企业在常态中，即便在中央"西部大开发"的号召下，也并没有认真考虑过对西南地区的投资。但在这种非常态下，在可投资灾区也可以不投资灾区的选择之中，就应该投资灾区。绵阳是一个高科技城市，北川县城的新址选在离绵阳机场只有半个小时车程的板凳桥，有望规划新产业，建设成为一个崭新的现代化城市。但实现这个目标，最重要的还在于企业的投资。违背市场经济规律的行为固然不可取，但在两可之间，企业则应该以非常态的思维和行为进行决策。

第四是非常态采购。在市场经济行为中，采购是对上游企业的最大支持。在这次大地震中，我们了解到很多的灾区企业自己虽然受了灾，但还是向社会捐款捐物，出人出力，如著名的绵阳长虹，又如不太著名的绵阳生产饲料和蛋、肉产品的铁骑力士公司，自己受损四千多万元，但仍然向灾民们捐钱、捐物、捐饲料等多达几百万元。这样的企业，我在灾区看到和听到的不在少数。对于这样的企业，其他地区的下游企业在可采购可不采购的情况下，就应该采购；在可多采购可少采购的情况下，就应该多采购。

这次大地震的非常态要持续多长时间？中央规划的第一个阶段是三年。因此，至少持续三年。社会当然不应该经常、长期处于非常态中，我们大家应该一起努力在灾后重建的理性过程中慢慢恢复常态。但是，只有更多的企业认识到这种非常态，更多的企业认识到这种非常态不是一个短期的过程，一起用各种方法帮助灾区摆脱非常态，整个社会才能够尽快地恢复常态。

当然，非常态企业社会责任的行为是建立在平时常态的企业社会责任之心上的，否则这一切就成了事件营销，成了作秀。我第一次听说陈光标是在《公益时报》2008年4月推出的2007年中国慈善家排行榜上，陈光标成了2007年"中国首善"。我注意了一下历年的数据，连续四年的"首善"都是黄如论，2006年其捐赠额为1.98亿元。2007年陈光标以1.81亿元争得了首善之冠，黄如论退居第二。在那天颁奖晚宴的拍卖会上，陈光标出手阔绰，给人以作秀之感。再看看他的历年捐赠，近五年的捐赠总额为4.75亿元，似乎也不算作秀。在这一次非常态事件中，他的表现的确赢得了我的尊敬。他能够在地震之后两个小时就带领自己的机械部队出发赶往灾区，可见他心中的确"时刻准备着"。

大地震的"追悼会"算是开完了。一般而言，追悼会都是热闹的，而追悼会过后，失去亲人的家庭就门可罗雀了。但愿这次大地震不会是这样。

请注意，非常态与常态，有着巨大的区别。

2008年7月

悲情北川　凤凰涅槃

北京残奥会开幕式上，中国芭蕾王子吕萌托举着怀抱芭蕾梦想的北川女孩李月，在众多舞者映衬中，在全世界人民的目光下，演绎了一场曼妙绝伦的精彩舞蹈。那是一种默契，那是一种坚强，那是一种自信，那是一种美丽。

李月无疑是一个悲情女孩，在大地震中她失去了一条腿，不仅难圆芭蕾舞的梦想，正常的人生也从此变得残缺不全。真是"天有不测风云，人有旦夕祸福"，几秒钟，祸从天降，改变了人生的一切。

北川无疑是一座悲情城市，那一刻，无法用语言描述。飞沙走石？山崩地裂？地动山摇？山河破碎？日月失色？尸横遍野？哀鸿遍野？家破人亡？血流成河？我多次在山坡上遥望县城，泪盈于睫。我两次在毁灭的县城里穿行，内心无比震撼。县委、县政府的办公楼和许许多多的建筑物像压缩饼干一样密密实实地压在一起；原本宽阔的十字路口变成了被山体推过来的几栋建筑物叠加在一起的高高耸立的废墟；山体滑坡瞬间掩埋了方圆几里的县医院等单位，上班者无一幸免，偌大的县医院只能看见一间一半埋在土里的传达室；北川最好的酒店北川大酒店虽然还歪立着，但一二楼已经陷入地下；向右拐，当时准备建高楼而挖的地基大坑被用来埋尸，人称"万人坑"，这是老县城里唯一有人的地方，三两个人冷冷清清地在已经浇注的混凝土上浇盖着沥青，以压住那无奈的气味；温家宝总理和其他领导人献上的花圈在坑前一字排开，使得亡灵们有些许哀荣，我们一行人自觉地在坑前深深默哀；抬眼朝上看，一个原本美丽的曲山中学，全部掩埋在山上滚下的乱石之中，只凄惨地露出了一个旗杆和一个篮球架……一路上，从废墟中爬出、从摇晃的楼上跳下、死里逃生而痛失亲人的当地干部向我们平静地叙述当时的情景："沙土飞扬，暗无天日"，"大地不断地抖动，脚踩在地上像踩在海绵上一样"，"四周的山体发出恐怖的呼啸声"，"山上的巨石像蝗虫一样倾泻而下，碾过路上的人群"，"山体裂开一个大口子，然后又合上了"。我觉得让当地干部陪我们故地重游，叙述当时的状况，是一种残忍，心中隐隐作痛。

  我也算个业余摄影爱好者，但我去灾区已经十几次，没有一次带过相机。我不忍心把那悲惨的镜头摄入镜中，更不愿意把它映入脑海。人类具有强烈的选择性记忆，愿意记住美好的东西，不愿意记住灾难。任何描写都远不及灾难之万一，我尽量不写跟人有关的情景，仅仅这些，也只是为了反衬北川的重建。我们在北川，更多的是被北川干部的顽强精神所感动，被山东人民支援北川的诚意所感动。*在人类罕见的巨大灾

---

* 2008年5月22日，民政部下发紧急通知，要求各地对口支援四川汶川大地震灾区，其中山东省对口支援北川县。——编者注

难面前，北川人、山东人、中国人散发出了最美丽的人性光辉。

在悲痛和处理紧急事态之后，重建北川的序幕缓缓拉开。北川的城市规划建设、新农村建设、工业发展、旅游业发展、服务业发展、文化建设、信息化建设、环境保护和可持续发展等都提上了议事日程。北川不仅是四川的北川、中国的北川，更是世界的北川。旧北川遭遇了人类历史上罕见的巨大灾难，它像庞贝古城那样毁灭了。在这个悲情城市的附近，北川人要向世界展示一个毁灭后重新站起来的中国县城，一个具有中华民族古代文明传承和现代精神内涵的城市。

让我们来畅想一下未来的新北川：北川县城具有浓郁的羌族文化特色，又是一个处处可以无线上网的数字化城市，其现代化程度、可持续发展程度不亚于任何一个世界上最先进、最环保的城市；北川山东工业园生机勃勃地生产出几十倍于震前的GDP，而且是绿色的；北川中学的孩子们享受着中国一流的教育和联通世界的网络；北川的山从四川平原拔地而上四千多米，山坡上"四季有绿，三季有彩，两季有花（经大忠县长语）"。据论证，北川是世界上最适宜的红玫瑰产地之一，我们会看到漫山遍野的红玫瑰。到那时，四川人想来北川度周末，中国人想来北川找爱心，世界人民都想来北川看奇迹。是梦想吗？是今天的梦想，明天的现实。

有些东西人们不能把握，有些东西人们可以把握。李月是不幸的，但又是幸运的。大地震前她只是一个怀有芭蕾梦想的、中国四川山区的平凡女孩，也许她永远没有机会哪怕是在全县人民面前展示自己的风

管理的中国韵

采。今天，她虽然失去了一条腿，可是世界在她面前打开了一扇崭新的窗户，她可以站在世界的舞台中心，在聚光灯的照耀之下和世界一流的芭蕾演员共同演绎那种精美绝伦。同样，世界也向北川打开了崭新的空间。北川不再灾难深重，不再悲情，你将是世界级的伟大和美丽，将是中华民族历史长河上凤凰涅槃的精神标志！

2008年10月

辨材须待七年期

我已经不计算我到灾区去了多少次了，但我能记得第一次是2008年5月20号，上一次是2008年12月31号，这一次是2009年1月22号，我知道我还会再去。

2008年12月31日，我应邀参加了万科援建的四川德阳遵道镇中心小学和卫生院的落成典礼，距"5·12"大地震过去214天。万科公司与思科公司联手，崭新的、应用最高水平防震技术、应用最先进网络视频教学设备的学校呈现在最普通中国农村孩子们的欢歌笑语中，我看中国最好的大学也未必有这样的校舍和设备。

2009年1月22日，中国企业社会责任同盟、《北大商业评论》杂志社"一帮一"计划帮助的绵阳安县方碑村首批215户农户新居落成典礼隆重举行，距"5·12"大地震过去236天。第一次到方碑村时在满目疮痍的废墟里村民们呆滞无奈的眼睛，后来在推平的废墟上举行的开工典礼中村民们殷切期盼的目光，与现在新屋成行下村民们喜气洋洋眼神，在我心中留下了深刻的印象。在这一次以前，我去四川灾区从来不带相机，

但这一次开始，我带了。

我调查了一下万科和思科的领导人下灾区的情况。王石董事长2008年5月16日就到了灾区现场，至今去了7次，郁亮总裁去了10次。我理解万科做此事的艰辛，万科企业社会责任部门的朱保全在遵道镇待了2个多月，沈斌长期待在遵道镇，万科的建筑队伍和合作伙伴们没日没夜地在工地上干活，为的就是在新年前把楼建起来。我理解思科做此事的艰辛，思科并不大张旗鼓地计划和实施着三年为灾区支援三个亿的工程，在都江堰中学和阿坝师专后，遵道小学是思科援建的第三个网络学校。为了赶工，思科的技术负责人luice自己加班加点布线，手掌都磨破了。思科中国区总裁林正刚地震后去了灾区10次共57天，更不用说负责企业社会责任的刘念宁女士了。

看到这些本来和中国农村没有关系的企业人士们花了那么多钱、那么大的精力和那么多的时间在灾区农村，我内心十分感动。这是作秀吗？如果企业在社会责任方面作秀能够做到这种程度，那我真的期望所有的企业和企业家都来秀一秀。

我突发奇想，企业为了社会责任，也为了响应政府的号召尽量不裁员，那么能不能多组织一些志愿者到灾区和需要帮助的贫困地区去做一段时间的志愿者呢？企业是有组织、有效率、有资源的机构，如果一个企业能够帮助一个村，那将是一种巨大的力量。例如万科和思科对遵道小学的联手援建之力量是无可比拟的，也许可以比喻为两把牛刀在杀一只鸡，但其示范意义巨大，如果能带动许许多多的牛刀来杀鸡，更多更多的鸡刀来杀鸡，则天下无鸡也。在经济危机面前，在无可奈何的等待之际，企业是否可以多分担一些社会责任，尤其是多出一些力，少花一些钱的事？我相信这种事很多很多。

遵道小学和方碑村是幸运的，但愿这种幸运培育出来的首先是一种感恩精神。在遵道小学的开学庆典结束、孩子们鱼贯进入教室时，我似乎觉得他们被切换入电影《黑客帝国》中的另外一个世界。一切知识和信息都只在人品的基础上才有益，而感恩是人品中最重要的精神之一。但愿受助者在享受的过程中受到润物细无声的熏陶而培养出回报社会的感恩精神。

"5·12"大地震对人、对企业和社会的检验期至少是三至五年。唐代元稹受一时之冤，好友白居易赠诗云："赠君一法决狐疑，不用钻龟与祝蓍。试玉要烧三日满，辨材须待七年期。周公恐惧流言日，王莽谦恭未篡时。向使当初身便死，一生真伪复谁知？"判断一个企业和企业家的社会责任感更不在于一时一事。以此诗与在社会责任方面受一时之冤的企业家们共勉。

2009年2月

方碑村试验

惨烈的四川大地震过去三年了。那场地震使我与四川省绵阳市安县黄土镇的方碑村结了缘。今天,方碑村试验的救灾作用慢慢淡化,而作为一种救灾和扶贫,试验仍然在进行。

2008年5月20号我们到了绵阳市安县的方碑村,用一个月的时间,经过四轮调研,对421户人家进行了摸底调研,与村干部、村民小组干部们进行了多次探讨,也征求了地方镇干部的意见之后,我们设计了方碑村试验的方案,核心是一对一的住房重建部分借助。2008年8月8号奥运会开幕的那一天,方碑村的灾后住房重建进行了奠基仪式,2009年1月20号春节前举办了交房仪式,实现了在春节前住进新房的愿望。根据设计,这仅仅是一期工程,二期工程是帮助村民们增加收入,三期是改善村里的公共基础设施,四期是促进村集体经济的发展。

之所以称之为方碑村试验,因为它不是一个简单的救灾捐款,而是借款,不是全部借,而是借一部分。其核心理念是帮扶而不是包揽。2005年我担任厉以宁老师创立的北京大学贫困地区发展研究院副院长,开始到中国的贫困地区开展调研。情况令我大吃一惊,一是有些地区的贫困状态比我30多年前在福建农村的状态还要严重,二是有些地方已经形成了乞丐心理,地方政府经营贫困,却很娴熟地伸手要钱,并且有一套程序和方法。无怪乎有些地方越扶越贫困。因此在方碑村我想的不仅仅是救灾盖房,而是能否形成一种有效的模式,通过借款的方式帮助村民们自强自立,培养契约精神,将来与市场经济接轨,进而走上可持续发展的道路。

记得2008年6月20日,我们在上海召开了一个会议,探讨方碑村试验的方案,大多数人对村民的还款信用表示怀疑,认为当今大学生借款都不还,农民在困难之中的借款能还吗?最后,我想到尤努斯在孟加拉的著名创举——小额信贷,孟加拉农民的素质不比中国农民高,而尤努斯还是实现了几乎99%的还款率,难道我们不能试一试?

方碑村的第一期还款仪式于2010年4月举行,接过村民们捧出的厚厚的现金,借款人代表当场落泪。我们看到村民们还家徒四壁,他们还非常需要资金办很多的事,但他们信守承诺,还款为先。因为这是一个由感性引发的理性试验,我们只能咬牙收下还款,接着开始二期的工程,帮助村民引进樱桃谷鸭的种鸭养殖和大棚蔬菜的种植。2011年春节前我再到方碑村,看到已经长大的樱桃谷鸭和齐刷刷的大棚蔬菜,心中有所欣慰。

方碑村试验的借款是一对一的,即城里的一户人直接借助农村的一户人。这样城里人明确知道资金的用途和去向,也可以直接感受其效果。中国人对亲戚朋友的困难经常就是采用以捐赠的心态借助的办法,在自己能力范围内借助一部分资金，亲戚朋友有能力时偿还，真正无力偿还就且当捐赠了。如果真的能够试验成功，建立其一个长期的、大规模的借助平台，而且还款是基本有保证的，那么其意义是巨大的，是能够在救灾救难中发挥作用的。

于我个人而言，这是履行我个人社会责任的一部分。由于中国在探索独特的发展道路，从计划经济和公有制体制走向市场经济和承认私有制，这必然有许许多多的社会问题，引发很多的不满和抱怨。但如果每一个有社会责任感的人在不满和抱怨的同时还能够为各种社会问题的解决做一点事，那么社会就会有所改善，人多了就可以积少成多，解决较大的问题。

每一个人的责任有三种：亲友责任、职业责任和社会责任。亲友责任是对有家族关系和各种类家族关系如同学关系等等的责任，例如有的校友会名言是：同学打电话不能不接，同学请吃饭不能不吃，同学要求办的事不能不办。职业责任是所从事的职业和岗位所要求承担的责任，例如警察碰到歹徒、医生碰到流行病、教师上课时遇到地震等等。2008年四川大地震时很多教师坚守岗位保护学生而不"范跑跑"，就是职业责任深入灵魂的体现，想都来不及想就这么做了。如果换一个场景，危险时拔腿就跑是人的本能。社会责任是对与自己不相干的人和事负一些责任。因为社会并不能通过职业责任的分配解决所有的社会问题，家族成员有时也没有能力解决某些问题。

方碑村试验第一期还款的结束要到2014年，在试验的过程中出现了不少的问题,筹款也比想象的困难,但这个社会试验是有意义的。我能够帮助一个村,就是有价值的。我更加认识了中国农村、农民和基层干部,对我是有帮助的。当然,我相信这个试验能够成功。

2011年1月

经济危机下富裕人群的社会责任

从理论上说,所谓相对富裕人群是收入在全国平均水平之上的人,所谓相对贫困人群是收入在全国平均水平之下的人。国家统计局给出的数据是,2008年农村年人均纯收入是4761元,城市年人均可支配收入是15 781元。理论上说,年人均收入高于15 781元的都是相对富裕人群,但我们知道事实上未必。平均数有时不说明问题,中位数更说明问题,就是找到13亿人中收入排在6.5亿位的那个人的年收入,高于他的是富人,低于他的是穷人,但在现实上有困难。

在现实中我们说的富人和穷人往往是指极富者和极贫者。一份招商银行和贝恩公司发布的《2009中国私人财富报告》显示,中国人持有可投资资产在1000万元以上的有32万人,资产规模超过9万亿人民币。这样算来这一部分人的平均可投资资产在3000万元左右,人数约占全国总人口的0.23‰。至于极贫者,中国的极贫困标准是什么、人口有多少,是一个比较复杂的、众说纷纭的问题,国际通行的赤贫标准是日均收入低于1美元,根据我国的最新资料,官方在2009年把绝对贫困线和低收入贫困线合二为一，贫困标准是人均年收入低于1067元，总人口为4320万人，占农村人口的4.6%，占全国人口的3.3%。

经济形势好的时候，社会矛盾不激烈，富人更富，穷人也在变富。经济形势不好的时候，社会矛盾就会越来越激烈，富人虽然变穷一些了，但穷人可能活不下去了。因此，在经济不景气的时候，尤其要解决好社会矛盾，经济不景气的时间越长，主要矛盾就越不是经济问题，经济危机时间长了往往会引发社会危机和政治危机。

解决社会问题的主要责任当然在政府，但社会各界也都有一些责任，每个人也都有一些责任，每个"富人"的责任就更大一些。富人履行社会责任有两条途径：被动和主动。被动是指被法律强制性纳税，主动是指依靠道德做纳税之外对社会有益的事。

早期的资本主义国家为了解决社会矛盾和体现社会公平，是通过政府对富人征税而加大对穷人的社会福利来解决的。比如20世纪30年代经济危机以后，美国向富人征收的个人最高所得税从24%上升到63%，又上升到79%，公司资本收益税从14%上升到45%，遗产税从20%上升到45%、60%、70%、77%。1929年时，美国千分之一的人口占有美国20%的财富，经过政府税收的调节，到1950年时，美国千分之一的人口占有美国10%的财富，贫富悬殊有所下降。但后来又慢慢减税，据统计，1979—2006年，美国个人所得税最高税率被减半，从70%到35%；资本增值税率的削减也近一半，从28%到15%；公司所得税率降低四分之一多，从48%到35%。以个人最高所得税为例，里根1981年减到50%，克林顿减到39.6%，小布什减到35%。借美国的例子，我想说，对富裕人群征税是不可避免的，征税的程度会根据社会和政治的需要而变化。

后来，产生了慈善事业和公益事业，除了依法纳税之外，富人们依靠道德主动向社会捐赠，并逐渐成立了基金会，形成了不同的专业方向，持续地进行公益事业。这是所谓的第三次分配。第一次分配是靠市场进行的分配，第二次分配是靠政府进行的分配，第三次分配是靠道德进行的分配。

再后来，随着社会的发展和进步，仅仅依靠税收、依靠政府、依靠慈善公益来解决社会问题也不够了，因而产生了企业公民和企业社会责任的概念和理论，富人们、企业家们自觉地在生产经营的过程中履行社会责任。企业公民和企业社会责任的概念已经不仅仅是慈善公益，还包含了环境保护、资源节约、善待劳工、社区关系等内容。

与全国相比，东部地区、沿海地区的城里人大部分都算是富人，是中国改革开放的第一批受益者，假设中国有3%的富裕人群，数量就是4000万左右，与绝对贫困人口差不多。在一个社会里，如果富人比穷人承担更多的社会责任，这个社会就会以改良的方式和谐稳定地向前发展；如果穷人比富人承担更多的社会责任，这个社会就会以革命的方式动荡不安地向前发展。

但愿中国的经济危机不会很严重，但愿中国的经济危机不会引发社会危机，中国的政府、社会团体、企业、个人都应该一起努力。

2009年5月

中国大学培养的新富豪

欧洲比较古老的大学都是以地名命名的,比如剑桥大学、牛津大学、柏林大学、巴黎大学、哥廷根大学等等。美国近代产生的大学则有不少是以人名命名的,比如哈佛大学、斯坦福大学等等。究其原因,一方面是科学技术发展和商业社会发达后,办大学太花钱;另一方面是持续的商业积累产生了不少富豪,因为大学是高尚的、是创造和传播人类文明的、是可以超越各种斗争而名垂青史的,于是富豪愿意捐钱给大学。大学以下的学院尤其是商学院,以捐赠人冠名的则比比皆是,例如美国宾夕法尼亚大学的沃顿商学院、麻省理工学院的斯隆商学院、西北大学的凯洛格商学院等等。

在中国,似乎还没有以捐款人命名的大学,历史上陈嘉庚创办了厦门大学而不叫嘉庚大学,当今李嘉诚创办了汕头大学而不叫嘉诚大学。在中国和华人社会里,以巨款捐赠大学的不多,原因不外乎是中国的富豪还不够富、不够多,在中国的传统中,慈善的概念主要是救穷救灾等等。虽然中国开始有在著名大学之中冠名学院的了,如北京大学的光华管理学院，上海交通大学的安泰经济与管理学院，但也是以基金会或者企业品牌冠名而不是个人冠名。这大概也是因为中国文化中的集体主义精神和做好事不留名的"雷锋精神"。

最近看到一个"中国造富大学榜"，该榜以产生亿万富豪的人数为排名依据，排名如下：第一名北京大学，产生富豪35名；第二名浙江大学，产生富豪23名；第三名清华大学，产生富豪22名；第四名复旦大学，产生富豪20名；第五名中国人民大学，产生富豪16名；并列第六名是中南大学、华南理工大学、上海交通大学，产生富豪9名；并列第9名的是深圳大学、南京大学，产生富豪8名。产生5—7名富豪的大学还有哈尔滨工业大学、山东大学、南开大学等12所。

尽管这个排行榜未必严肃、严谨，还是引发了我的好奇心：一是什么样的大学容易产生富豪（第一代富豪大多数还真可以算是企业家）？二是富豪们对大学有什么回报？

多年以前，我和清华大学经济管理学院一位著名教授有过一次争论。我说北京大学更容易产生企业家，因为北大文化中的怀疑与批判精神、独立与创新精神、科学与民主精神更是企业家精神而不是职业经理人精神。但那位清华教授说清华更容易出企业家，因为企业家更容易从具有理工背景而非文科背景的人中间产生。我想他说的也有一定道理，但以上数据似乎支持了我的观点，在北京，北大产生的企业家人数高于清华，在上海，复旦的人数高于交大。

富豪们对大学有什么回报吗？据说上榜富豪有1500多名。这个排行榜的底线标准是亿元，因此其总财富至少在2000亿以上，但看到的大笔捐赠只有丁磊（中国电子科技大学校友）和段永平（浙江大学校友）联合向浙江大学捐赠了4000万美元。这里有什么问题？是他们还不够富？是他们没有捐赠意识？是他们不愿意捐赠大学而更愿意捐赠弱势群体？是大学的体制和机制有问题？

我最近参加了由民政部等国家部委指导、中国社会工作协会主办的"2009中国慈善排行榜"发布会。2009年中国慈善捐赠款为1070亿元，是2007年的3.5倍。其中捐赠过亿元的个人有5位、企业有20家；捐赠过1000万元的个人有34位、企业有310家。在这个榜上，我们可以看到连续七年捐赠额过亿元的企业家。2009年"首善"的捐款额是2.74亿元。我好奇的仍然是，这些捐款中投向大学的有多少？这也许很难查证。可以参考的是，在34位捐款过千万的个人中将教育列为捐赠方向的只有4人，在310家捐赠过千万的企业中，将教育或助学列为捐赠方向的只有两家。还可以猜想，这些钱也主要是捐助了贫困地区的小学。据我了解，北京大学、清华大学、上海交通大学、复旦大学等中国名校的基金会每年募集的款项都是不大的数字。

中国是一个国情复杂的大国。有人经常用"中国的什么像欧洲，中国的什么像非洲"来形容中国不同事务的差别。例如，"中国的城市像欧洲，中国的农村像非洲"等等。中国需要大量的劳动密集型企业，也需要有航天、航空、造船、计算机、生命科学等高精尖产业，中国需要解决普及教育问题，也需要世界一流大学。就慈善捐赠而言，需要扶贫救灾，也需要用财力滋养出世界一流大学。作为中国一流大学的教育工作者，我自己也在身体力行地从事扶贫救灾的公益事业，但我更希望看到，慢慢地有企业家把捐赠大学作为自己的公益方向或至少是公益方向之一。即使有些中国农村的小学像非洲，也要使有些中国的大学像欧洲。

我更期待大学里产生的富豪以捐赠母校为方向，帮助自己的母校进军世界一流大学，这是一个光荣而神圣的使命，也是一个难得的历史机遇，因为富豪很多而名校很少。

2009年6月

解读中国慈善排行榜

从2003年起，《公益时报》每年发布按照个人捐款统计的中国慈善榜单，从2006年起又加入了企业捐款排行榜。这个榜单是根据在民政部可统计的范围内，对年额度在100万元人民币以上的捐款的统计和排名。虽然未必完整，但毕竟有了数据和比较，可以进行一番探讨。如果我们假设各省的企业和个人的匿名捐款比例差别不大，各省的慈善统计数据差别不大，以上的数据还是基本说明问题的。

我们可以看看从2003年开始的相应口径的个人捐款总量统计：2003年40亿元，2004年50亿元，2005年80亿元，2006年100亿元，2007年223亿元，2008年1070亿元，2009年333亿元。从上述数据可以看到2008年因为四川大地震引发的慈善捐款急剧上升，甚至有所透支，然后又回归常态。在2008年最高点上，全国年人均捐款70元，占当年GDP的3.56‰。美国的相应数据是有70%的家庭每年捐款，占GDP的2%左右，约3000多亿美元，人均约1000美元。

我们将各个省、市、自治区7年以来的捐款总额和上榜企业家数量分别进行累加、排序，然后与各省、市、自治区的GDP进行对照，发现按照捐赠额排序，前5名分别是：福建、江苏、浙江、广东、内蒙古;上榜企业家数量的前5名分别是：浙江、福建、江苏、辽宁、广东。GDP排名为：广东第1；江苏第3；浙江为4；辽宁第7；福建第12；内蒙古第15。从这种比较中我们至少可以看到，捐款数额与GDP数据并不一定相关。

在捐款额和捐款企业家数量的两个榜单前五名的排名上，福建、浙江、江苏、广东是一致的，内蒙古和辽宁各占了其一。

福建：福建的捐款企业家数量从2003年开始逐渐呈上升趋势，2007、2008、2009连续三年，福建的捐款企业家数量都位居第一。从7年的捐款企业家总数量上看，福建不如浙江，但是由于福建捐款企业家在个人捐款额上的优势使得福建在7年捐款总额中位居第一，而且数额遥遥领先。

浙江：浙江的企业家数量从2003年第一届榜单开始就领先于其他省份，直到2007年被福建取代。凭借其前期的积累，浙江的捐款企业家7年总数位居第一，并且遥遥领先于其他省份。虽然在捐款人数量上占绝对优势，但是由于没有大宗的捐款，在捐款总额上并没有占据第一的位置。浙江的GDP排名第三。

江苏：2003年，江苏捐款企业家的数量优势还不明显，从2004年开始逐渐在榜单中显示出它的实力。同浙江类似，虽然没有"捐款大亨"的出现，但是凭借其数量的优势，在捐款企业家数量上稳居第三，在捐款总额上越居第二的位置。江苏的GDP排名第四。

广东：广东的GDP一直稳居全国首位，在捐款企业家的数量和捐款总额方面分别位居第五、第四位。

福建的企业家捐款特别引人注目，可以说，福建不是中国最富有的省份，但却是中国最慷慨的省份。世纪金源集团的黄如论在7年中，有6年位于慈善榜企业家榜单的首位；新华都集团的董事长陈发树在2010年的10月份宣布捐出个人所持有的、市值高达83亿元人民币的流通股股票，成立新华都慈善基金会；还有福耀玻璃的曹德旺捐出价值43亿元的股票成立了河仁基金会，等等。请注意这些大额股份捐款还不在民政部的统计之内。

中国慈善排行榜从2006起对企业捐款进行了统计，有了4年的数据，我们还可以按照国有、民营、外资三种不同的企业性质对中国慈善排行榜进行梳理。国有企业在4年的捐款记录中，呈现出以下特征：一是企业大额捐赠频频出现，占到捐款总额的三分之一强，在4年的企业捐款榜单上，每年的前几位都被国企所垄断。二是国企平均捐款额较高。三是虽然国企捐赠在社会上引起很多争议，但是其所起的示范效应却是显而易见的。

截止到2008年底，中国共有规模以上私营企业245 850个，占全部规模以上工业企业（426 113）的58%，从业人员占从业人口比例的60%，占全国GDP的份额超过50%。如此规模也显现在公益事业领域，最明显的现象有两个：一是民营企业参与公益慈善事业的数量众多，历年基本都占一半左右；二是在捐款总额上毫不逊于"财大气粗"的国企，总量上民营企业捐赠总额与国有企业几乎平分秋色,2009年,上榜的民营企业捐款总额占到55.34%,将国有企业的26.54%远远抛在后面。中国的民营企业已经成为推动国内慈善事业的重要力量。

截止到2008年底,中国境内共有规模以上外资企业42 269家,占全部规模以上工业企业(426 113)的10%,利润总额达到5266亿元,占全部规模以上工业企业利润总额(30 562亿元)的17%。相对于这样的经济规模,四年上榜企业的捐款总额占全部捐款总额的比例平均约为10%。相对而言,外资企业还有不少产品捐赠和员工志愿者行为。如何认识和计算这非现金捐赠也应该引起中国社会工作者的思索。

我们将各省企业家个人的捐赠总额、企业总部所在地的企业捐赠总额与该省份的GDP排名情况进行对比分析,将其分为三类。捐赠排名好于GDP排名的省份有北京、福建、陕西、重庆。其中尤以福建和北京最为突出。北京的GDP排名十三,但企业加个人捐赠总额(92亿元,其中企业捐款90亿元))第一,遥遥领先于第二的广东(45亿元),和第三的福建(34亿元),恐怕主要受益于不少公司总部在北京,因此捐赠计算在北京。福建把企业家个人捐款与企业捐款合并计算后排名为第三,但仍然大大高于江苏(25亿元)与浙江(21亿元),是名副其实的慈善大省。大部分省份的捐赠排名与其GDP排名是比较相称的。GDP排名位居前10的省份,如广东、江苏、浙江、上海、四川、辽宁,其捐赠排名也都位居前列。我们注意到在企业家个人捐款排行榜上偏后的广东和上海,加上以企业名义的捐款后排名趋于正常。GDP排名靠后的省份,如甘肃、贵州、云南、新疆、宁夏，这些省份都是中国经济欠发达地区，其捐赠排名也靠后。捐赠排名差于GDP排名的省份有河南、河北、山东、安徽、黑龙江、广西等省份。例如山东、河南、河北三省的GDP排名均列于前10位，但是其在捐款上的排名情况与GDP排名情况形成比较鲜明的落差。尤其山东的GDP稳居全国第二，但捐款总额只有8亿元，排名第九，大大低于中国经济总量第一阵营的省份，只有广东的1/6、江苏与浙江的1/3，甚至低于四川（12亿元）和辽宁（10亿元），仅仅与湖南和河南相似。这不得不引人注目。

2010年年初在等待2009年数据结果时，就预计因为2008年的透支，2009年的捐赠会有大幅度的下降，结果的确如此，2009年只有2008年的1/3。但另一方面，2008年激发了全国人民的捐赠意识，以后的增长应该会更快。我注意到，2010年4月20日中央电视台举行的玉树抗震救灾大型募捐晚会共募得善款21.75亿元人民币，金额超过了2008年央视汶川地震募捐晚会募得的15.14亿元。我们正在期待2010年的统计数据。看看哪一年的数据会再上1000亿元，也再看看各种数据的变化和轨迹，这会是一件很有意思的事。

2011年1月

山东人与山东法人的信用
——企业社会责任之山东期望

企业管理者和研究者们主要是站在企业的角度来看待社会和各种问题，但有时也应该站在社会的角度来看看企业，这种角度的变化，往往会得出不同的结论。例如，站在企业角度上，提升品牌价值十分重要，最成功的品牌是奢侈品，路易威登的包因为有LV两个字母，其价格就可以高出数十倍。但是换一个角度看，鼓励消费者为这两个字母付出那么高的价钱合理吗？从一份各国消费者对品牌喜好度的调查报告可以看到，发达国家消费者对品牌的喜好度低于发展中国家的消费者。从奢侈品购买的实际情况看，也是欧美人卖，亚洲人买，巴黎香榭丽舍大道上路易威登旗舰店中永远挤满了中国人。还不富裕的中国已经成了世界第二大奢侈品市场，据说很快会成为第一大市场。我不知道中国消费者到底是有品位还是慕虚荣，难道中国消费者比欧美消费者具有更高的品位？如果是慕虚荣，那么是谁在推动这种虚荣心？

2009年8月，中国企业社会责任同盟在山东举办了首场全国巡讲，

管理的中国韵

并见证了山东18个地市90家企业的法人代表与山东省企业信用与社会责任协会签订企业社会责任试点协议书。这个试点是在烟台开发区试验的基础上展开的。看着山东省的企业家们认真地听讲，积极主动地参与试点，签订相当严格的企业社会责任试点条款，耐人寻味。我们看到山东省委宣传部领导、省工商局领导、烟台开发区领导、省级媒体的领导共同重视和推动这个事业，但为什么是山东呢？是否有其他因素呢？是否因为山东是儒家发源地？还是因为山东人急公好义？

即使是山东，企业社会责任的局面也不容乐观。烟台会议结束后，我访问了胜利油田，然后乘车从东营到济南，一路上烟雾缭绕。陪我的当地企业家学员说，他小的时候，六七里外山上的苹果都看得见，可现在连山都看不见了；以前挖地一米的水就清甜可口，现在往下打七八十米才见水，抽上来浇菜，可菜都浇死了。在济南的晚餐中，听到学员们议论济南周边某市的领导都不喝本地的水，还有人议论查获了巨量的假冒青岛啤酒，这种假冒啤酒已经生产销售了四五年。在离开济南的飞机上，我又在《齐鲁晚报》上看到了两则报道。一则是济南有个房产检验机构检测了两千多套房子没有一套完全合格。另一则是有位猪肉商坦言他卖了11年注水猪肉，平均每天卖四五百斤。他介绍因为图方便，那水甚至是下水道的水，还要在水中加颜料、掺胶水等等细节。现在他不愿意继续注水了，但这几乎成了行业"潜规则"，他也不知如何停止。他愿意停止这种行为并非出于道德觉醒，而是因为大家都注水，没有了额外利润，反而还多了工序。

我当然不会认为此类事件在山东特别严重。前不久，陕西凤翔615名儿童因为陕西东岭冶炼有限公司污染超标导致的铅中毒事件被媒体广泛报道，然后媒体发现近年来甘肃徽县、福建建阳、河北承德、江苏邳州都发生过类似事件。

紧接着我在上海参加了一场全国企业伦理与社会责任教学研讨会，几十所商学院的80多名教师共聚一堂。大家普遍感到这门课的难度很大，首先，目前社会上缺少统一的价值观；其次，这门课程对教授的知识面和公信力要求很高；再次，仅在一门课中讲伦理和责任是远远不够的。更为重要的是，企业伦理和社会责任是建立在个人伦理和社会责任的基础之上的，而商学院在学员的录取和培养过程中并没有提出对伦理和责任的要求。

"山东人"在全国是有难得的好口碑的，不知这种口碑是怎么形成的，但口碑的形成肯定十分不易。甚至据传在世界某地，说自己是山东人，租房子时都可以得到相当的礼遇。但山东的法人（企业）尚未形成特别的口碑。因此我们有理由期待山东人在历史形成的良好口碑的基础上，在新的市场经济环境下也能够给全国一个印象：山东法人是最负社会责任的法人，山东是全国最负责任、最和谐发展的区域。

比起刺激消费者的虚荣心来多花钱购买企业商品而言，注水肉、铅中毒事件显然严重得多，这是法律层面或者道德底线的基本问题。当企业于社会生活中几乎无处不在时，企业管理者和研究者们应该经常换一个角度思考和行为。防止企业危害社会的办法无非有：法律严明、政府

管理的中国韵

监控、舆论施压、企业自律,前三者固然都十分重要,而最根本的还是企业自律。如果太多的企业不自律,或者仅仅把社会当做市场,市场经济的成果终将毁于一旦。真希望看到山东四管齐下、率先垂范。

2009年9月

论闽商

随着市场经济的进程，各地的企业家都在追根溯源，试图形成各地的商帮。按照某种说法，过去中国有"十大商帮"：山西商帮、安徽商帮、陕西商帮、山东商帮、广东商帮、福建商帮、洞庭商帮、龙游商帮、宁波商帮、江右商帮。后来各地的企业家纷纷成立了"新沪商"、"新京商"、"新深商"协会或者俱乐部等等，于是中国不知有了多少商帮。

我在想两个问题。首先是"华商"问题，如果中国商人在世界上没有地位或者没有特色，那么华商之下的各种地方特色的"商"又有什么意义呢？华商有别于"美商"、"日商"、"德商"的精神和特色是什么呢？进而再想一想，所谓中国特色社会主义的特色是什么呢？社会主义不仅是一种制度，更是一种理念，是一种追求社会公平的精神和理念。老华商的儒家传统和新华商的中国特色社会主义精神和理念是否能使"华商"在世界上有鲜明特色呢？遗憾的是，目前中国商人在世界上的形象显然与此背道而驰。

其次是中国到底有没有所谓的商帮。判断是否形成商帮的标准是什么？我粗略地想了一想，觉得至少应该有以下三个标准：是否有与地域文化相符合的独特精神与理念；是否有能够代表这种精神和理念的典型企业家；是否形成了明确的企业家群体并有较为长期而有效运作的商会组织。

我是在福建出生和长大的，前段时间回到福建，得知有福建省领导在组织闽商研究会，高兴之余我又想，是否真的有闽商？闽商与福建文化相关的独特精神和理念是什么？其在历史上和当今的代表人物是谁？历史上的闽商组织和当今的闽商组织是什么？它们在闽商中是否有地位和威信？坦率地说，我并没有得出结论。

但最近发生的一系列事件使我对这个问题有了进一步的认识。首先是我在介入民政部、中国社工协会评选"中国慈善榜"的工作中，看到福建籍企业家黄如论在连续七年的评选中六年当选"首善"（仅2007年位于第二），其2008年的捐款额为2.7亿；而且，在慈善榜上福建企业家的数量和位次明显高于福建省的经济地位。2009年年初，福建籍企业家曹德旺宣布捐出其家族名下60%的股票，约合40多亿人民币（据说现在升值至70亿元左右），成立仁河基金会。为此，我专门到福耀玻璃公司调研，采访了曹德旺先生。2009年10月，福建籍企业家陈发树又宣布捐出其资产总额的45%、约82亿人民币成立基金会。黄如论的金源以房地产为主、曹德旺的福耀专注于汽车玻璃、陈发树的新华都以投资为主，三位企业家各有各的成长路径，其捐资也都是独立行为，但这一系列事件的背后有什么必然性吗？为什么都是福建人呢？这三者已经成为福建企业家的鲜明代表人物，那么其是否可以代表闽商精神？或者华商精神？

这是一个伟大进步的标志，标志着中国企业家公益精神的觉醒，标志着中国企业家主动追求社会公平的精神意识的觉醒。卡耐基在120年前就提出了"拥巨富而死者为耻"的理念，写了《财富的福音》一书，确立了在市场经济环境下企业家的公益精神和具体实践方案，此后在美国和世界范围内也磨合出了一套公益基金会的运作模式和规范。对于中国而言，我们刚刚开始制造了"巨富者"，我们有理由相信他们的境界会高于卡耐基、福特、洛克菲勒、巴菲特、比尔·盖茨等等。我们有理由相信在中国特色社会主义的理念和实践中，企业家们能够体现和发挥重要作用。

让我们首先为福建的企业家喝彩！

2009年11月

闽商公益精神探源

中国明清时代有十大商帮之说：晋商、徽商、闽商、浙商、苏商、粤商、赣商、陕商、鲁商、甬商。改革开放以后，各地的民营企业不断成长，涌现出一批优秀的企业家代表，也形成了各地企业家的组织，还提出了"新京商"、"新沪商"、"新深商"等新商帮名词，亦引起了学者们的关注。

我开始关注闽商，始于三年前参加国家民政部的中国慈善家排行榜统计评选工作，我将各省的慈善捐赠数据与GDP进行了比较，发现福建企业家的表现十分突出。从2003年到2009年的统计数据表明，福建企业家的捐赠总额遥遥领先于第二名的江苏、第三名的浙江和第四名的广东。而福建省的GDP一直在第十一名左右。多年来，在民政部统计的慈善排行榜中，福建企业家黄如论都是榜首。2009年又发生了福建企业家曹德旺和陈发树的大手笔股票捐赠，这不仅使得慈善基金会的运作可以持之以恒，也将促使国家修订捐赠的相关法律规章，促进国内慈善公益事业的发展。

我又查了近代十大商帮中的代表人物,徽商是胡雪岩、晋商是孔祥熙、苏商是荣毅仁、闽商是陈嘉庚。陈嘉庚的最大特点也是在于公益精神。毛泽东对他的题词也是最浓墨重彩的:"华侨旗帜,民族光辉"。陈嘉庚在当时不是最富有的,却将自己52%的财富捐赠兴办了厦门大学、集美学村等教育事业,并在抗日战争中为国家奔走集资。这三个事实使我思考,闽商恐怕是中国各商帮中最注重公益精神的商人群体,世界闽商大会将闽商精神提炼为8句32个字的表达:"善观时变、顺势有为,敢冒风险、爱拼会赢,合群团结、豪侠仗义,恋祖爱乡、回馈桑梓。"但我认为公益精神恐怕是闽商最突出的精神特质。

接下来是要问为什么。我想主要有三个原因。首先是妈祖文化的影响。妈祖是1000年前福建莆田湄洲湾的一位真实存在的年轻女子,出身官家,却成为专门帮助渔船和商船引航救难的公益家,用今天的话说就是职业雷锋,毫不利已,专门利人。她在28岁的妙龄离开人世后在传说中慢慢变成了海神、天后,保佑海上的船只和海边的人民平安幸福。妈祖文化在闽台两地影响尤甚,据说台湾2300万人口中,妈祖的信众有1700万人。在全世界有5000多座妈祖庙,信众达两亿人。

尤其有意思的是,闽商在各地的会馆,基本上都是前庙后馆模式,前面是妈祖庙,后面是商会会馆,例如上海250年前建立的漳泉会馆和100年前建立的三山会馆都是如此。尽管闽商供妈祖是为了祈福佑安,但妈祖是中国诸神中唯一的公益之神这个不争事实,潜移默化地滋润和影响着闽商们。请注意，闽商在各大商帮中是唯一具有自己的神和庙的商帮，也就是说，由于海洋的关系，闽商在中华儒释道文化下还具有自己独特的精神支柱，这在各商帮中是绝无仅有的。

其次是漂泊海外的思乡情节所致。其他商帮主要在国内行商，而闽人主要背井离乡、漂洋过海到异国他乡去谋生，念国思乡的情结特别强烈，往往有了一些积蓄后，就想为家乡做一些好事，这种行为蔚然成风。闽人在海外发达后回来比的往往不是谁的房子盖得大，而是谁为家乡做的好事多。历史上，福建人漂洋过海是最多的，后来才让位于广东人，而广东东部和浙江南部过去亦是闽的范围，至今其文化习俗亦相近。

再就是朱熹的影响。福建历史上出的大学者很少，朱熹是个典型。朱熹的学术思想成为元明清三个朝代的官方正统哲学思想，影响极大，对福建更甚。朱熹还是教育家，孜孜不倦地到处讲学，其中在福建武夷山讲学约40年并创建了闽学体系，其《朱子家训》作为教育普及本流传甚广，几乎家喻户晓。朱熹理学强调的理，是事物的本质，是事物的发展规律，是社会的伦理，是人要克服欲望去达到的最高境界。这对于闽商亦有深刻的影响。人欲是利己，天理是利他，经商是主观利己客观利他，公益则是主观客观都利他，商业的理、商人的最高境界就是服务社会和造福社会。这是闽商及至中国商人对千百年来义利之辩的实践。

不是有商人群体的地方就可以称之为某某商帮，所谓商帮要具备三个要素：完备的商会组织、典型的商人代表和与地域文化相适应的精神

特质,以此来看,闽商是比较符合条件的。今天的闽商商会组织几乎遍布世界,已经举办了三届世界闽商大会,闽商的代表人物、闽商的精神特质都很突出。相比之下,有些过去显赫的商帮今天则显得后继乏力,三个要素都不明显。

我们希望中国的各地商帮再现辉煌,然后叠加起来就是华商,华商在这个时代必须与世界各国的商人们在精神层面上争辉斗艳,在比较中形成并展现独特的中华商业文明和中华商人气质,为人类商业文明宝库增光添彩。

2010年7月

"巴比"与"军标"
——关于中美两国富豪与慈善的思考

媒体沸沸扬扬热议的"巴比"晚宴于2010年9月29日开宴,胡润2010年富豪榜于2010年10月12日发布,这两个事件使得在中国关于富豪与慈善的话题几乎达到高潮。巴菲特和比尔·盖茨联手来中国,邀请中国50位富豪共进晚餐,探讨慈善事业。由于媒体事先对他们来中国"劝捐"并无好感,此次晚宴直接劝捐的色彩并不浓,但在会上,各种观点还是进行了碰撞交锋。大多数中国人对他们是尊重的,但是对于他们来中国劝捐或者说教并无好感,我也是如此。

事后我至少听到三种声音:一位银行家对他们的到来掺杂一些商业色彩、或者是被他们的中国合作伙伴掺杂了一些商业色彩,颇有微辞;一位教父级的中国企业家认为,中国的企业家还处在事业发展和财富积累阶段,不宜鼓励大手笔捐赠;一位平时不怎么说话的中国民营企业家在晚宴上说,"当我有100万元钱的时候,我捐了30万;当我有1000万元钱时,我捐了300万"。言外之意是:我们其实比你们更具有慈善心。私

管理的中国韵

下里他说，据他了解，巴菲特和比尔·盖茨早年都是吝啬鬼。

在中国高调响应他们的是陈光标和冯军（对应"巴比"可称之为"军标"），两人都宣布死后"裸捐"。这使我联想起1985年，中国的热血青年尧茂书听到美国人要来中国首漂长江时，在装备不足的条件下奋不顾身地抢先漂流，33天后壮烈牺牲于金沙江巨浪之中的悲壮故事。当时媒体也纷纷议论是否有必要做这样的牺牲。我内心至今对他仍然深深地崇拜，什么叫做民族气节？这就是一个普通人的民族气节。今天，随着中国的强大、随着中国国际地位的提升，我们已经不那么敏感和斤斤计较了，我们至少可以平视美国人、英国人、法国人、日本人等等，因为我们有了足够的自信心。我们也更能够正视和检视我们的不足和差距，比如财富，比如慈善。

在西方资本主义社会里，财富的积累已经有了二百多年的历史，对于财富的获取、拥有、分配、赠送有了一套经过反复磨合的、比较统一的价值观和完整的制度安排与调节。当年巧取豪夺的斯坦福先生最终把资产全部捐献，成就了今天赫赫有名的斯坦福大学；和他一起巧取豪夺的商业伙伴亨廷顿先生则捐献了"亨廷顿图书馆"——一个巨大无比的植物园和植物研究所。

中国人在财富和慈善方面的问题至少有三。第一是逻辑的不完整。我们在信仰上提倡共产主义理想，在宪法中坚持社会主义制度，在经济上实行市场规则，在管理上依照利益导向和驱动的管理原则和方法，在文化里有轻商和均贫富心态（严重一点是仇富心态）。如何在信仰、宪政、市场、管理和文化上形成一套完整的逻辑，是我们急需解决的问题，否则必然导致主流价值观的混乱和行为的混乱。

第二是财富的积累还处于初级阶段，财富的根基尚浅，财富的规模尚小。比如，根据2010年福布斯全球富豪排行榜，美国首富比尔·盖茨的财富规模为530亿美元，中国内地首富宗庆后的财富为70亿美元（2010年胡润富豪榜将其列为800亿元）。

第三是社会对慈善的认识有待提升，对慈善的法律规章有待完善。比如曹德旺先生希望捐赠巨额股票，至今近一年半尚未有落地政策。美国自1889年卡耐基写了《财富的福音》后，社会与慈善家和慈善机构进行了一百多年的磨合，而中国则刚刚开始。2010年，中国的GDP总量超过日本，成为仅次于美国的世界第二大经济体。根据《福布斯》计算，2010年中国内地10亿美元以上的富豪已经有64人，也成为仅次于美国的第二富豪大国。但是美国200亿美元以上的富豪有6位，100亿美元以上的富豪有28位，50亿美元以上的富豪有52位。而中国内地50亿美元以上的富豪只有2位：宗庆后（70亿美元）和刘永行（50亿美元）。顺便提一提，中国香港首富是李嘉诚（210亿美元），中国台湾首富是郭台铭（55亿美元）。

中国的GDP总量超过美国是迟早的事，因此中国的富豪人数超过美国也是迟早的事。2010年中国内地富豪前10名是宗庆后、刘永行、张近东、王传福、许家印、吴亚军、梁稳根、马化腾、李彦宏、陈发树。可贵的是这十个人大部分是做实业的，更可贵的是宗庆后在福布斯的第一

个针对中国内地成功企业家的榜单——《93世界华人富豪榜》上一路上行至今日。20年后,当中国的GDP总量超过美国时,谁会是世界首富?我更愿意相信,20年后中国的慈善事业会超过美国,20年后的世界首善是中国人。

我们的基本信仰、我们的社会主义基本思想和制度以及我们的传统文化都决定了中国在富裕了以后,会比美国更注重社会公平,更注重扶贫助困,或者说更社会主义和共产主义。只是,在全球经济一体化的环境下,在依照市场经济规律和利益导向管理的大趋势下,在当下的历史阶段,中国的企业家和富豪们还是要注意企业资本积累和以产业回报社会与捐赠,或者说以慈善回报社会之间的平衡。所谓"裸捐"还是身后之事,社会还不宜"劫富济贫"。但作为富豪,拿自己收益的一部分去做慈善,则是万分必要的。

回应"巴比"的"军标"崇高,但是没有参加"巴比"晚宴的宗庆后未必就不崇高。我们敬重以不同方式履行社会责任的企业家和富豪们,无论是裸捐的、半捐的、十分之一捐的,还是不捐但是以其他方式履行社会责任的。一个企业家或富豪主观上有没有社会责任感,其实不难判断,可以察其言、观其行,我相信我们可以再做出一份富豪社会贡献榜。况且,中国话说"盖棺定论",到那一天社会再来最终评价,看看他们到底为社会做了多少贡献。

2010年11月

跋：做中国之士

本书是我的第二本文集。第一本是2005年出版的《管理的交响》。

我于1982年大学毕业，在企业里工作了十年，然后在1992年的下海经商大潮中上岸读博士。记得考博士的英文面试是要求读一篇文章然后就文章的观点与老师对话，那篇文章是历数电视给人类带来的负面影响。老师与我问答了几句，就撇开了主题与我聊大天。他问我的阅历，我向他吹嘘我是一个如何规模企业的总经理，我走了如何多个国家，我还受到国家的委派到美国和瑞士学习进修过。他说那你为什么还要来读博士？我说一是为了证明自己具有博士水平的智力，二是在实践中有些困惑，当时没有说的还有第三个原因，是想跳出当时所处的环境，学习完了去更广阔的天地畅游。那次我们相谈甚欢，被录取后我知道我的英文面试成绩很高。快20年过去了，现在我知道，那是我"知识分子"生涯的起点，尽管那个时候我没有想到我这一辈子会走上学术道路。

1977年，在农村插队落户的我们听到恢复高考的消息欣喜若狂，仓促地进入了考场，我幸运地考了高分，但不幸在体检时被误诊为疑似心脏动脉血管瘤而被刷在一边，等我好不容易查到原因，再去医院重新检查排除了疑似之后，所有省外招生已经结束，招生人员都撤离了，我最终地被本地大学录取。那时，能够进入大学学习就是我们意外的惊喜，我仍然觉得十分幸运。1978年暑假，我遇到一位戴着北京大学校徽的同学，我随意问起他的高考成绩，居然比我低了很多，郁闷在我心中纠结了很久。其实当时我在福建的一个村里报名，根本不敢梦想北大，填志愿时我第一志愿斗胆报了父亲的母校上海交通大学，如果没被误检，我可能去的是上海交大。终于，1999年我成了北京大学教授，解了我20年前心中的纠结。

命运让我成为了北京大学的知识分子，用传统的语言说，成为了北大的中国之士或曰中国的北大之士。我这样说没有贬低其他学校的意思，而就我个人的职业轨迹和思想轨迹而言，我之所以敢称自己为中国之士，的确有赖于北京大学。我的视野，来自于我是北大教授；我的野心，来自于我是北大教授；我的责任感，来自于我是北大教授。回溯历史，我十分满意这个"士"的职业；环顾四周，我十分骄傲自己敢于给自己戴上"中国之士"的帽子，我知道自己还不够格，但我知道自己既然敢为自己戴上这顶帽子，就意味着我要用中国之士的标准来要求自己，因而，在盖棺定论的时候则可能成为中国之士。

我不想在这篇跋中参与讨论什么叫做"知识分子"，什么是"知识分子"和"士"的区别。我心目中，士是有风骨的知识分子，中国之士是具有中华民族风骨的知识分子。我不狭隘，但在整个民族还深陷于崇洋媚外的意识和潜意识（更可怕的是潜意识）之中的时候，我们更需要在自己头上写下"中国"两个字。

跋

我1999年成为北京大学副教授，2005年成为教授，2006年成为博导，这不重要，这只是通过了一种职业资格的认证。更重要的是，我主导了中国企业管理案例研究中心，我发起和主导了中国最受尊敬企业评选，我发起和主导了中国企业社会责任同盟，我发起创办了《北大商业评论》杂志，等等。

遗憾的是，在这个千载难逢的时代大潮之中，我们要做的事太多，我们的时间太少，而不可能像我们的老师一辈那样静心地做学问，这几乎是我们这一代知识分子的通病。例如，办杂志非常费神费时，而我为了与《哈佛商业评论》一较高下而创办了《北大商业评论》。例如，我挡不住校党委书记的劝说，出任过北京大学校产办主任兼北大资产经营公司总裁。例如，四川地震，我参与了救灾，当起了北川县政府的顾问，还在方碑村里做了一个试验。还有，我还去上海交通大学客串了一把副院长，统管MBA、EMBA、EDP。现在，我又答应帮助新华都基金会会长陈发树先生的忙，帮他创办一个具有中国特色的教育与研究机构。因此，我经常为了这、为了那，而把做学问的时间大大削减。当然，有付出还是会有收获，但愿这些经历能为未来做学问提供素养。

夜深人静之时，我常常有一种焦虑，觉得几本好书在肚子里没有时间倒出来，我一直欠着北京大学出版社两本书。每当读到前辈们写的经典学术著作，我会捂起书来拍案叫好，并勉励自己一定要争取写一本百后的学者读后也不禁心中叫好的书。我安慰自己，我还需要积累，我还需要时间。2010年暑假在巴塞罗那，看到设计师高迪为神圣家族大教堂费尽43年心血，最后住在里面直至1926年去世，而那座教堂现在还在继续兴建着，反观中国当今的建筑，我心中有几分释然。

《北大商业评论》耗费了我不少精力和时间，但好在因为有它，我每月至少写一篇刊首语，而且这篇位置显著的刊首语不能对不起读者，不能对不起北大的名衔，不能没有新意。当遇到有人因为读了我的刊首语而认识我时，我会感到莫大的欣慰，这种情况经常发生。

这本文集主要是由近五年来的《北大商业评论》的刊首语构成的。在写作的时候我就注意兼顾时效性和可存读性，因为我们希望《北大商业评论》的读者把它当做书一样长期存在书橱里。在出版的取舍时我更加顾及了这一点，并添加了一些其他风格相类似的文章。

跋或者后记是不能免俗的，这个俗就是表达各种谢意。这个感恩之俗是中国之士的优良传统。在我作为知识分子的一生中，我永远感谢我的老师们，感谢和我一起在北京大学案例中心，《北大商业评论》和中国企业社会责任同盟的同事们，是他们教导我和帮助我成就中国之士的事业。我们的坚持和坚守不是为了自己，而是为了共同的理想。历史一定会认可我们的价值，我们十多年的努力在未来一定会大放异彩。

近几年来，我有机会与国外一流商学院的院长和学者们交谈，如美国杜克大学、耶鲁大学、南加州大学、英国曼彻斯特大学、比利时鲁汶大学、瑞士IMD学院、加拿大UBC大学，以及新加坡、中国台湾、中国香港等大学的商学院院长们，还有获得诺贝尔奖的世界顶级学者。在交谈中我丝毫没有觉得彼此有什么高下之分，而且明显地感觉到，只有拿

跋

出我们自己的东西，才能赢得别人的敬重。当年在国外学习时那种刘姥姥进大观园的感觉已经完全没有了。这是中国干出来的结果。世界的眼光正在聚焦中国，世界工商管理界也期待着中国拿出自己的东西，这就是当今经济管理学界中国之士的历史使命。

曾子曰："士不可以不弘毅，任重而道远。仁以为己任，不亦重乎？死而后已，不亦远乎？"中华文化极其深重，弘扬中华文化的意义极其深远，在当今国际化、市场化的新环境中将中华文化与之融合而走出一条经济和管理的中国道路之意义则更加重要和深远。墨子曰："士虽有学，而行为本焉。"这种对知行合一的要求是一种更高的境界。我以中国人而自豪，我以士而自豪，我更以中国之士而自豪！我们身上流淌的是中国之士的千年血脉，在盛世中的中国之士不需要向我们的先辈那样承担各种悲壮的历史使命，甚至抛头颅、洒热血，但必须要有表达和展示中国精神、中国品质、中国理论的冲动和身体力行。

仅以此书作为中国之士头冠上的一颗小珠子，我将更加努力地与同志者一道，去创造和享受那"大珠小珠落玉盘"的美妙之韵。

何志毅
2011年2月于北京大学